Natürlich LÄNGER LEBEN

Inga-Maria Richberg (Hrsg.)

Die 99 besten Geheim-Rezepte aus der Natur

Natur & Gesundheit

FID Gesundheit

IMPRESSUM

1. Auflage 2006

Herausgeberin und Redaktionsleitung: Inga-Maria Richberg Hp (v.i.S.d.P.)

Autoren: Dr. Heidrun Gallas, Dr. Helga Kästner, Barbara Kluge, Cleo A. Wiertz

Wissenschaftliche Begutachtung: Dr. med. Ute Eckermann, praktische Ärztin, Naturheilverfahren, Köln; Dr. med. Jürgen Westphal, Facharzt für Allgemeinmedizin, Naturheilverfahren, Hildesheim

Lektorat: Susanne Kolle, Gernot Beger, Reinhard Fey

Illustrationen S. 97 und 131: Christine Goerigk

Umschlaggestaltung: Text und Konzept, Sven Meyer, Neufahrn

Layout und Satz: DTP & Grafik Büro Brunhilde König, Moosburg

Druck: Hofmann GmbH & Co. KG, Schorndorf

Printed in Germany.

ISBN: 3-932017-28-5

Haftungsausschluss:

Alle Beiträge wurden mit Sorgfalt recherchiert und überprüft. Dennoch erfolgen alle Angaben ohne Gewähr. Weder die Autoren noch die Redaktion oder der Verlag können für die in diesem Buch gemachten Angaben eine Haftung übernehmen. Die hier veröffentlichten Gesundheitsinformationen und Tipps können eine ärztliche Beratung und Betreuung nicht ersetzen. Die Beiträge enthalten keine individuellen Therapie-Ratschläge. Für die Behandlung von Beschwerden und Erkrankungen sollten Sie auf jeden Fall ärztlichen Rat einholen.

Ihre Meinung ist uns wichtig!

Haben Sie Fragen oder Anregungen zu diesem Buch? Dann schreiben Sie uns:

FID Gesundheit, Leserservice *Natur & Gesundheit*, Koblenzer Str. 99, 53177 Bonn
info@fid-gesundheitswissen.de

Edition *Natur & Gesundheit*

Dieses Buch wurde aus Beiträgen des monatlich erscheinenden Gesundheitsratgebers *Natur & Gesundheit* zusammengestellt. *Natur & Gesundheit* ist ein aktueller Informationsdienst für gesundheitsbewusste Menschen, die sich fundiert und leicht verständlich über Ergänzungen und Alternativen zur Schulmedizin, nebenwirkungsarme Behandlungsmethoden sowie neue Entwicklungen auf dem Gebiet der Naturheilkunde und der alternativen Heilverfahren informieren möchten. Alle Informationen beruhen auf wissenschaftlich abgesicherten Erkenntnissen. *Natur & Gesundheit* bietet zahlreiche praktische Übungen, Gesundheitstipps und bewährte Naturrezepte, die einfach zu Hause anwendbar sind. So können Sie als Leser Ihre Gesundheit verbessern, Krankheiten vorbeugen und damit länger und gesünder leben. *Natur & Gesundheit* ist anzeigenfrei und unabhängig.

Wenn Sie *Natur & Gesundheit* regelmäßig lesen möchten, schreiben Sie bitte an:
Natur & Gesundheit, Leserservice, Koblenzer Str. 99, 53177 Bonn.

Außerdem erreichen Sie uns per Tel.: 0228/95 50-333, per Fax: 0228/361992 oder per E-Mail: info@fid-gesundheitswissen.de

Inhalt

Vorwort 7

16 Tests für Ihre Gesundheitsvorsorge

1. Wie groß sind Ihre Chancen, 100 Jahre alt zu werden? 9
2. Leiden Sie an einer unerkannten Pilzinfektion? 11
3. Haben Sie ein erhöhtes Allergie-Risiko? 13
4. Reagieren Sie besonders empfindlich auf Ozon? 15
5. UV-Schutz: Wie hoch ist Ihr Hautkrebs-Risiko? 17
6. Wie hoch ist Ihr Risiko, an Bluthochdruck zu erkranken? 19
7. Wie fit ist Ihr Immunsystem? 21
8. Spezialtest für den Mann: Wie hoch ist Ihr Risiko für eine gutartige Prostatawucherung (BPH)? 23
9. Spezialtest für die Frau: Wie hoch ist Ihr Osteoporose-Risiko? 25
10. Schlafrhythmus: Ist Ihr Melatonin-Haushalt in Ordnung? 27
11. Reagieren Sie überempfindlich auf Chemikalien und Umweltgifte? 29
12. Haben Sie ein erhöhtes Arteriosklerose- und Herzinfarkt-Risiko? 31
13. Sollten Sie sich gegen Grippe (Influenza) impfen lassen? 33
14. Wie sicher sind Sie als Fußgänger(in) oder Fahrer(in) im Straßenverkehr? 35
15. Wie zuversichtlich können Sie Ihrem Lebensabend entgegensehen? 37
16. So erkennen Sie einen guten Therapeuten (Arzt, Heilpraktiker) oder eine gute Klinik 39

Die besten Naturheilmittel zur Immunstärkung

Wasserbehandlungen: Wie Sie mit einfachen Waschungen Ihre Abwehrkräfte steigern 43

Kneippsche Güsse: So führen Sie einen Knieguss leicht zu Hause durch 43

Barfuß gehen: Die einfachste Art, Ihre Selbstheilungskräfte zu stärken 44

Hautbürstungen: Wie Sie die Funktion Ihrer inneren Organe verbessern. 45

Sauna: Hochwirksamer Schutz vor Grippe und Erkältungen 46

Bewegung und Sport: Schon 20 Minuten täglich bringen Ihre Immunzellen auf Trab 47

Elektro-Smog: Verbannen Sie Radiowecker und Handy aus Ihrem Schlafzimmer – und Ihr Immunsystem atmet auf 47

Mineralien und Spurenelemente: Stärken Sie Ihr Immunsystem durch vitalstoffreiche Kost 48

Natürliches Vitamin A aus Mohrrüben, Tomaten & Co. schützt Ihre Atemwege 49

Hagebutte: Ihr wertvollster heimischer Vitamin-C-Spender 50

Holunder: Machen Sie einmal im Jahr eine 14-tägige Kur! 50

Meerrettich: Nutzen Sie dieses natürliche Antibiotikum 51

Honig & Gelee Royal sind wahre „Aufbauspritzen“ 52

Stutenmilch – das „Getränk für ein langes Leben“. 53

Lachen: die beste Medizin in jedem Alter 53

Heilfasten: So entgiften und entschlacken Sie Ihren Körper 54

Schützen Sie sich vor Umweltgiften! 55

Gesund und aktiv mit Vitalstoffen

Mit Vitaminen und Mineralstoffen bleiben Sie fit und gesund bis ins hohe Alter 57

Essen Sie abwechslungsreich! 64

Wann Vitamin- und Mineralstoffpräparate für Sie sinnvoll sein können 69

Wie Sie sich mit Vitalstoffen vor Zivilisationsleiden schützen 75
Nutzen Sie Coenzym Q_{10} als Radikalfänger und Energielieferanten 83
Rat & Info zum Thema Vitalstoffe 85

Geistig fit bleiben

Mit Denksport, vitaminreicher Hirnnahrung und viel Bewegung werden auch Sie zum Superhirn 87
Testen Sie sich selbst: Wie fit ist Ihr Gehirn? 92
Warum Ihr Gehirn leistungsfähiger ist als der modernste Computer 94
Wie Sie die Frühzeichen eines Gehirnabbaus rechtzeitig erkennen 97
Kleine Tricks mit großer Wirkung – So bringen Sie Ihre grauen Zellen in Top-Form 99
Dieses Kraftfutter beflügelt Ihren Geist 104
Welche Mittel Ihre geistige Leistungsfähigkeit wirklich steigern .. 109
Sport fördert geistige Höhenflüge 113
Rat & Info zur Förderung Ihrer geistigen Fitness 115

Krebs ganzheitlich vorbeugen und heilen

Ein gesunder Organismus kann einzelne bösartige Zellen problemlos abwehren 117
Mit der richtigen Kost beugen Sie dem Krebs wirksam vor 124
Der PSA-Test auf Prostatakrebs ist nicht zuverlässig – Machen Sie ihn immer zweimal! 128
Wann eine Mammografie für Sie wirklich sinnvoll sein kann 132
Naturheilverfahren sind wichtige Begleittherapien im Kampf gegen Krebs 134
Die Stärkung der Immunabwehr verbessert die Lebensqualität 141
Eine gezielte Überwärmungs-Therapie verhindert das Auftreten von Metastasen 149
Mut zum Leben stärkt die Selbstheilungskräfte 155
Rat & Info bei Krebs 159

Natürlich länger leben

Inga-Maria Richberg

Liebe Leserin, lieber Leser,

bei bester Gesundheit 90 Jahre oder noch älter werden? In manchen Gegenden dieser Welt ist das ganz natürlich – denken wir nur an die japanische Insel Okinawa, die Insel der Hundertjährigen, oder das Volk der Hunza im Himalaya. Doch was ist das Geheimnis eines langen Lebens bei bester Gesundheit? In diesem Buch verraten wir es Ihnen: Es ist nicht nur eins, es sind mehrere.

Das wichtigste Geheimnis ist eine starke Immunabwehr. Denn sie schützt uns nicht nur vor Bakterien und Viren. Sie verhindert auch, dass wir an Krebs erkranken. Stark wird unsere Immunabwehr aber nur dann, wenn wir sie auf natürliche Weise unterstützen.

Wir verraten Ihnen die besten Geheim-Rezepte aus der Natur, mit denen Sie Ihre Immunabwehr zuverlässig und schnell in Hochform bringen: Von einfachen Wasserbehandlungen über Heilpflanzen, hochwertige natürliche Vitamin-Spender und potente Mineralstoff-Quellen bis hin zu heilsamer Ernährung – wir graben für Sie die Schätze der Naturheilkunde und des weisen Wissens unserer Vorfahren aus.

Schon der kluge Hippokrates lehrte seine Zeitgenossen im antiken Griechenland: „Lasst eure Nahrung euer Heilmittel sein." Wir zeigen Ihnen, mit welchen Natur- und sekundären Pflanzenstoffen – von den Anthocyaniden über Radikalfänger bis hin zum Zeaxanthin – Sie sich z. B. vor Krebs schützen. Und das alles ohne großen Aufwand, ganz allein mit Ihrer täglichen gesunden Ernährung.

Im Zusammenhang mit der heilsamen Ernährung lüften wir gleich noch ein weiteres wichtiges Geheimnis für Sie: das Geheimnis der geistigen Fitness. Lesen Sie in diesem exklusiven Ratgeber, wie Sie Ihre geistigen Fähigkeiten zum Beispiel mit Nüssen, Samen, hochwertigen kaltgepressten Pflanzenölen täglich stärken und bis ins hohe Alter bewahren.

Sie sehen: Die Naturheilkunde ist viel mehr als nur ein Retter in der Not! Sie lehrt uns, rechtzeitig vorzubeugen und unsere Selbstheilungskräfte auf ganz natürliche Weise optimal zu stärken. Sie hilft uns, unser allgemeines Wohlbefinden und unsere Lebensfreude zu steigern. Und damit schenkt sie uns mehr Lebensqualität und viele zusätzliche Lebensjahre. Wie Sie diesen großartigen Wissensschatz der Natur nutzen, erfahren Sie in diesem einzigartigen Ratgeber!

Ihre
Inga-Maria Richberg Hp
Herausgeberin

16 Tests für Ihre Gesundheits-vorsorge

1. Wie groß sind Ihre Chancen, 100 Jahre alt zu werden?

	Ja	Nein
1. Leben Sie in einer glücklichen Ehe oder Partnerschaft?		
2. Haben Sie gute Freunde, mit denen Sie mindestens einmal im Monat etwas zusammen unternehmen (gemeinsamer Abend, Essen, Spiele, Ausflüge)?		
3. Fühlen Sie sich fit und gesund?		
4. Kommen bei Ihnen täglich – auch in den Wintermonaten – frisches Obst, Gemüse bzw. Rohkost auf den Tisch?		
5. Treiben Sie regelmäßig Sport (mindestens dreimal wöchentlich 20 Minuten: Radfahren, Tanzen, Schwimmen, zügig Gehen, Laufen)?		
6. Haben Ihre Eltern beide das Alter von 75 Jahren erreicht oder überschritten?		
7. Rauchen Sie, oder leben Sie mit einem oder mehreren Rauchern im gemeinsamen Haushalt?		
8. Bevorzugen Sie fett- und fleischhaltige Kost?		
9. Leiden Sie an Bluthochdruck?		
10. Sind Ihre Cholesterinwerte erhöht?		
11. Leiden Sie unter Dauerstress?		
12. Leiden Sie an chronischem Bewegungsmangel?		
Gesamt		

Auswertung:

In den modernen Industrieländern liegt die durchschnittliche Lebenserwartung derzeit bei:

	Männer	**Frauen**
Jahrgänge 1938 bis 1977	73 Jahre	80 Jahre
Jahrgänge 1928 bis 1937	76 Jahre	81 Jahre
Jahrgänge 1918 bis 1927	78 Jahre	82 Jahre

vor 1918 geboren: aktuelles Alter plus fünf Jahre

Fragen 1 bis 6: Für jedes „Ja" zählen Sie zu Ihrer durchschnittlichen Lebenserwartung (siehe Tabelle oben) ein bis drei Jahre dazu (je nachdem, in welchem Maße die Aussage auf Sie zutrifft).

Langlebigkeit ist zum großen Teil angeboren. Wenn Ihre Eltern ein hohes Alter erreicht haben, so stehen auch Ihre Chancen gut. Ein ausgeglichenes Familienleben und gute freundschaftliche Beziehungen tragen ebenfalls zu einem langen, aktiven Leben bei. Wenn Sie regelmäßig Sport treiben, fördern Sie Ihre Gesundheit sowie Ihre körperliche und geistige Fitness.

Es ist bewiesen: Vegetarier leben länger! Doch Sie brauchen nicht gleich Vegetarier zu werden – es reicht schon, wenn Sie regelmäßig pflanzliche Kost zu sich nehmen und den Anteil an Fleisch und tierischem Fett in Ihrer Ernährung einschränken.

Fragen 7 bis 12: Je nachdem, in welchem Maße die jeweilige Aussage auf Sie zutrifft, müssen Sie für jedes „Ja" ein bis drei Jahre von Ihrer oben errechneten Lebenserwartung abziehen. Rauchen (auch Passivrauchen!), überwiegend fette und fleischhaltige Ernährung, zu hoher Blutdruck sowie erhöhte Cholesterinwerte sind die Hauptrisikofaktoren für die meisten Krankheiten, die die Liste der Todesursachen in unserem Land anführen. Dauerstress zählt zu den wichtigsten Risikofaktoren für Herzinfarkt. Doch Sie können leicht viele dieser Minuspunkte in Pluspunkte umwandeln – beginnen Sie noch heute damit!

2. Leiden Sie an einer unerkannten Pilzinfektion?

Haben Sie in letzter Zeit eines oder mehrere der folgenden Symptome wiederholt an sich beobachtet?	Ja	Nein
1. Blähungen, Verstopfung, Durchfall		
2. juckender, roter, manchmal nässender Ausschlag am Darmausgang		
3. Magenschmerzen, Mundgeruch		
4. erhöhte Müdigkeit, Abgeschlagenheit, Unkonzentriertheit		
5. Vergesslichkeit, Stimmungstief		
6. Heißhunger auf Süßes, kohlenhydratreiche Lebensmittel oder Obst		
7. Muskelzittern und dabei das Gefühl, „ausgehungert" zu sein		
8. Flimmern vor den Augen		
9. hartnäckiges Übergewicht trotz vieler Diäten		
10. Kurzatmigkeit, verstopfte Nase wie bei einer Erkältung, Ohrentzündungen		
11. Muskelschmerzen, „steifer Nacken"		
12. Gelenkschmerzen, geschwollene Gelenke		
13. unreine Haut, Rötungen, Pickel, trockene Haut, stumpfe, fettige Haare		
14. muffiger Körpergeruch an Händen und Füßen		
15. Blasenentzündungen		
16. Prostataentzündungen		
17. nachlassender Spaß am Sex		
Gesamt		

Auswertung:

Je häufiger Sie die Fragen mit „Ja“ beantworten müssen, umso größer ist die Wahrscheinlichkeit, dass eine Pilzinfektion die Ursache sein könnte. Suchen Sie Ihren Arzt auf und zeigen Sie ihm die ausgefüllte Checkliste. Es ist wichtig, dass die Diagnose ärztlich bestätigt wird. Behandeln Sie sich nicht selbst, ohne sich vorher mit Ihrem Arzt zu beraten.

Naturheilkundlich orientierte Ärzte sind über Pilzinfektionen meistens besser informiert als „Schulmediziner“ – zu ihrer Ausbildung gehört auch ein Kurs über dieses Thema.

Ihr Arzt kann eine Pilzinfektion mittels Laboruntersuchung einer Stuhl- oder Urinprobe bestätigen. Manchmal ist es auch erforderlich, eine Blutprobe oder eine Probe aus dem Mund, von befallenen Hautstellen oder vom Finger- bzw. Zehennagel zu entnehmen.

Wird die Pilzinfektion bestätigt, müssen Sie mit einem entsprechenden **Medikament** behandelt werden, das Ihnen Ihr Arzt verordnet. Zusätzlich ist eine vorübergehende **Umstellung Ihrer Ernährung** erforderlich, damit dem Pilz die Grundlage für eine weitere Vermehrung entzogen wird.

Auch die normale **Darmflora** (nützliche Bakterien, die normalerweise den Darm besiedeln) muss durch eine entsprechende Ernährungsweise aufgebaut werden. Sinnvoll sind zudem Verfahren, die Ihr Immunsystem stärken. So können Sie Ihrem Körper helfen, sich gegen einen Rückfall zu wappnen.

3. Haben Sie ein erhöhtes Allergie-Risiko?

	Ja	Nein
1. Kommen in Ihrer Familie häufig Allergien vor (Ekzem, Neurodermitis, Heuschnupfen, allergisches Asthma)?		
2. Leben Sie in einer Großstadt?		
3. Rauchen Sie, oder leben Sie mit einem oder mehreren Rauchern im gemeinsamen Haushalt?		
4. Hatten Sie als Kind Milchschorf?		
5. Sind Sie in Ihrer beruflichen Tätigkeit häufig Allergenen (Allergie-Auslösern) ausgesetzt?		
6. Halten Sie ein oder mehrere Haustier/e?		
7. Leben Sie in einem landwirtschaftlich intensiv genutzten Gebiet?		
8. Haben Sie in Ihrer Wohnung eine offene Gasheizung (oder in der Küche einen offenen Gasherd)?		
9. Wohnen Sie in direkter Nachbarschaft einer Industrieanlage?		
10. Verwenden Sie (beruflich oder privat) häufig Insektenvernichtungsmittel?		
Gesamt		

Auswertung:

Je öfter Sie mit „Ja" antworten, umso größer ist das Risiko, dass Sie in Zukunft an einer Allergie erkranken werden. Prüfen Sie, was Sie ändern können, um das Risiko zu senken!

Wenn in Ihrer Familie häufig Allergien vorkommen oder wenn Sie als Säugling Milchschorf hatten, deutet das darauf hin, dass auch Sie eine angeborene Neigung zu Allergien haben. Warten Sie lieber nicht, bis sich die ersten Anzeichen einstellen, und gehen Sie vorsorglich schon jetzt den wichtigsten Allergenen aus dem Weg!

Neueste Untersuchungen weisen darauf hin, dass **Umweltschadstoffe** – insbesondere Verkehrsabgase, aber auch Zigarettenrauch – Wegbereiter für Allergien sind. Menschen, die in einer Großstadt leben oder aufgewachsen sind, leiden häufiger an Allergien. Auch Schadstoffe, die bei der Ausübung mancher Berufe vermehrt in der Atemluft vorhanden sind, können Allergien begünstigen oder verursachen. Besonders allergiegefährdet sind Bäcker (Mehl, Backgewürze und -aromen), Biologen, Zoologen (Insektengifte, Insektenvernichtungsmittel), Drucker und Lackierer (Lösungsmittel), Krankenhauspersonal (Desinfektionsmittel), Beschäftigte in der Schmuckindustrie (Chrom und andere Metalle) sowie Zahntechniker (Amalgam und andere Metalle).

Auch in unmittelbarer Nähe von **Industrieanlagen** kann die Atemluft mit Schadstoffen belastet sein und zu Allergien führen. Das Gleiche gilt für die Abgase aus einer **offenen Gasheizung**.

Das idyllische Landleben ist leider ebenfalls nicht immer „gesund": **Pollenflug** aus blühenden Feldern kann bei empfindlichen Menschen zum Ausbruch einer Allergie führen. In der Nähe intensiv bewirtschafteter Felder sind die Anwohner zuweilen allergieauslösenden **Insekten- und Unkrautvernichtungsmitteln** ausgesetzt. Auch **Haustiere** bedeuten für empfindliche Menschen eine Gefahr – die winzigen Partikel der Tierhaare und Federn sind potente Allergene.

Schützen Sie sich vor Allergenen, wo immer es möglich ist: Meiden Sie **Chemikalien** und stark duftende **Körperpflegemittel**. Waschen Sie neue Wäsche und Kleidungsstücke, bevor Sie sie tragen. Versuchen Sie, **Staub** und **Hausstaubmilben** gründlich aus Ihrem Heim zu verbannen – es gibt dafür besonders geeignete Staubsauger.

4. Reagieren Sie besonders empfindlich auf Ozon?

	Ja	Nein
1. Haben Sie im Sommer häufig Kopfschmerzen, Husten oder Atembeschwerden?		
2. Kommen Sie bei hochsommerlichem Wetter leichter „aus der Puste“ als andere Menschen?		
3. Sind Sie asthmakrank?		
4. Leiden Sie an Heuschnupfen?		
5. Leiden Sie an einer anderen allergischen Erkrankung?		
6. Rauchen Sie, oder leben Sie im gemeinsamen Haushalt mit einem oder mehreren Rauchern?		
7. Leiden Sie bei sommerlichem „Bilderbuch wetter“ häufig an Konzentrationsstörungen oder Nervosität?		
8. Sind Ihre Eltern, Geschwister oder Kinder besonders ozonanfällig?		
Gesamt		

Auswertung:

Wenn Sie mehrmals mit „Ja" geantwortet haben, gehören Sie vermutlich dem besonders ozonempfindlichen Personenkreis an.

Etwa 10 % der Bevölkerung reagieren empfindlich auf eine erhöhte Ozonkonzentration in der Atemluft – auch bei Messwerten, bei denen andere Menschen noch keine Beschwerden haben. Die Ozon-Überempfindlichkeit ist **angeboren**. Entgegen ursprünglicher Annahme hat sich herausgestellt, dass ältere Menschen auf Ozon nicht empfindlicher reagieren als der Rest der Bevölkerung, wohl aber Kinder (insbesondere Kleinkinder und Säuglinge).

Besonders empfindlich gegenüber erhöhten Ozonwerten sind **Allergiker** und Personen, deren Atemwege durch eine Krankheit oder Tabakrauch bereits vorgeschädigt sind. Bei **Asthmakranken** können erhöhte Ozonwerte zu einem gehäuften Auftreten von Atemnotanfällen führen.

Wenn Sie zu den ozonempfindlichen Menschen zählen, sollten Sie sich im Sommer über die aktuellen Ozonwerte auf dem Laufenden halten, damit Sie sich rechtzeitig schützen können. Sie können sich bei Ihrem zuständigen Umweltamt über die aktuellen Ozonwerte informieren. In den meisten Bundesländern werden diese regelmäßig von einem Anrufbeantworter angesagt. Doch die von den Umweltämtern gemeldeten Daten bedeuten für den größten Teil unserer Bevölkerung nur eine grobe Orientierungshilfe: Schon drei oder fünf Kilometer von der Messstation entfernt können ganz andere Ozonverhältnisse herrschen. Wenn Sie ozonempfindlich sind und nicht in direkter Nähe einer Ozonmessstation leben, kann es für Sie sinnvoll sein, die Werte selbst zu messen. Im Fachhandel gibt es Teststreifen oder Messgeräte (die meist teuren Geräte können Sie auch leasen).

Bleiben Sie bei erhöhten Ozonwerten im Haus und schließen Sie Türen und Fenster; lüften Sie nur kurz und kräftig. In Innenräumen baut sich das Reizgas schnell wieder ab. Erledigen Sie alles, was Sie im Freien tun müssen, in den frühen Vormittagsstunden, solange die Ozonwerte noch nicht hoch sind. Das gilt auch für sportliche Aktivitäten, die Sie im Sommer nicht unterbrechen sollten.

5. UV-Schutz: Wie hoch ist Ihr Hautkrebs-Risiko?

	Ja	Nein
1. Haben Sie von Natur aus rotes oder hellblondes Haar?		
2. Ist Ihre Augenfarbe Blau, Grün oder Grau?		
3. Bekommen Sie beim Aufenthalt in der Sonne einen Sonnenbrand, noch bevor Sie braun werden?		
4. Haben oder bekommen Sie leicht Sommersprossen?		
5. Haben Sie viele Muttermale – insbesondere solche, die im Durchmesser größer sind als fünf Millimeter?		
6. Haben Sie – als hellhäutiger Mensch – in Ihrer Kindheit in einem tropischen Land gelebt?		
7. Nutzen Sie jede Gelegenheit, die sich Ihnen bietet, um in die Sonne zu gehen?		
8. Arbeiten Sie überwiegend im Freien?		
9. Haben Sie in Ihrer Freizeit regelmäßig viel im Freien zu tun?		
10. Ist in Ihrer Familie bereits Hautkrebs aufgetreten?		
Gesamt		

Auswertung:

Jedes „Ja“ bringt zehn Punkte ein. Zählen Sie weitere zehn Punkte dazu, wenn Sie häufig Bräunungsstudios aufsuchen oder sich selbst mit UV-Geräten bräunen.

80 bis 100 Punkte: Sie gehören zur Gruppe mit einem hohen Risiko. Informieren Sie sich bei Ihrem Arzt oder aus entsprechenden Veröffentlichungen, wie Sie Ihre Haut wirksam vor UV-Strahlen schützen können. Prüfen Sie Ihre Lebensgewohnheiten: Was können Sie ändern, um das Risiko zu verringern?

40 bis 70 Punkte: Für Sie besteht ein mäßig erhöhtes Hautkrebs-Risiko. Versuchen Sie, Ihre Haut besser vor den Einwirkungen der UV-Strahlen zu schützen.

10 bis 30 Punkte: Bei Ihnen ist das Hautkrebs-Risiko sehr gering. Dennoch sollten Sie nicht leichtsinnig werden: Gehen Sie mit der Sonne vernünftig um und setzen Sie Ihre Haut nicht unnötig starker UV-Bestrahlung aus.

Beachten Sie: Wenn Ihre Haut noch nicht an die Sonne gewöhnt ist, dürfen Sie zum ersten Mal – sofern Sie dem mitteleuropäischen Typ angehören – ungeschützt nur etwa 20 Minuten in der Sonne bleiben. Mit einem Sonnenschutzmittel können Sie diesen Zeitraum verlängern. Multiplizieren Sie 15 bis 20 Minuten mit dem Faktor des verwendeten Sonnenschutzmittels – so erhalten Sie die Zeit, die Sie in der Sonne verbringen dürfen.Wichtig ist, dass Sie das Sonnenschutzmittel schon vor dem Sonnen auf die saubere Haut auftragen. Vergessen Sie die besonders empfindlichen Stellen – Lippen und Brustwarzen – beim Eincremen nicht!

Inzwischen werden auch Vitaminpräparate für den UV-Schutz „von innen“ angeboten. Zur Zellregeneration und als Radikalfänger sind 3.300 Internationale Einheiten (I. E.) Vitamin A empfehlenswert. Vorsicht ist jedoch für Raucher geboten. Untersuchungen haben in jüngster Zeit gezeigt, dass langfristiges Einnehmen der Vitamin-A-Vorstufe Beta-Carotin in hohen Dosen vor allem bei Rauchern zu gefährlichen Nebenwirkungen führen kann. Verzichten Sie als Raucher daher auf die Einnahme solcher Zubereitungen! Ein paar Karotten, Tomaten oder Paprikaschoten täglich haben die gleiche Wirkung und sind garantiert gesund.

6. Wie hoch ist Ihr Risiko, an Bluthochdruck zu erkranken?

	Ja	Nein
1. Sind Sie übergewichtig?		
2. Salzen Sie Ihre Speisen regelmäßig zusätzlich?		
3. Essen Sie häufig fleisch- und fetthaltige Kost?		
4. Trinken Sie regelmäßig Alkohol?		
5. Kommen in Ihrer Familie Bluthochdruck oder damit zusammenhängende Krankheiten (Schlaganfall, Herzinfarkt) häufiger vor?		
6. Halten Sie einen geregelten Tag- und Nachtrhythmus ein?		
7. Treiben Sie regelmäßig Sport?		
8. Sind Sie Vegetarier(in)?		
9. Essen Sie häufig Fischgerichte?		
10. Bereiten Sie Ihre Mahlzeiten gerne mit Raps-, Lein- und/oder Olivenöl zu?		
Gesamt		

Auswertung:

Fragen 1 bis 5: Je häufiger Sie „Ja“ ankreuzen, umso größer ist die Gefahr, dass Sie an Bluthochdruck leiden (oder dass sich bei Ihnen in Zukunft Bluthochdruck einstellt).

Fragen 6 bis 10: Wenn Sie diese Fragen häufig mit „Nein“ beantwortet haben, trägt dies ebenfalls zu einem höheren Bluthochdruck-Risiko bei.

In manchen Familien kommt Bluthochdruck gehäuft vor. Sollte das auch auf Ihre Familie zutreffen, dann haben Sie sozusagen „automatisch“ ein erhöhtes Risiko, ebenfalls an Bluthochdruck zu erkranken. Versuchen Sie in diesem Fall, zumindest die anderen Risikofaktoren auszuschalten!

Untersuchungen haben gezeigt, dass das **Körpergewicht** besonders eng mit dem Blutdruck zusammenhängt. Das beginnt bereits im Kindergartenalter: „Pummelige“ Kinder haben in aller Regel einen höheren (wenn auch noch normalen) Blutdruck als ihre schlanken Altersgenossen. Eine plötzliche Gewichtszunahme geht fast immer auch mit einem plötzlichen Blutdruckanstieg einher. Versuchen Sie deshalb, ein normales Körpergewicht zu erreichen und anschließend zu halten. Essen Sie weniger Fleisch und Fett, dafür häufiger pflanzliche Nahrungsmittel.

Kochsalz treibt bei vielen Menschen – wenn auch nicht bei allen – den Blutdruck in die Höhe. Seien Sie deshalb sparsam im Salzverbrauch. Ähnliches gilt für **Alkohol**: „Ein Gläschen in Ehren“ ist in aller Regel nicht schädlich, doch regelmäßiger Alkoholgenuss kann bei empfindlichen Menschen den Blutdruck steigen lassen. Bereits nach einem Glas Sekt kann vorübergehend ein deutlicher Anstieg des Blutdrucks verzeichnet werden!

Vegetarische Kost, pflanzliche Fette, Fischöl und regelmäßige Bewegung sind gut geeignet, das Bluthochdruck-Risiko zu senken. Durch einen geregelten Tag- und Nachtrhythmus können Sie eine optimale Produktion von Melatonin sichern. Dieses körpereigene Hormon, das in der Zirbeldrüse produziert wird, wirkt ebenfalls dem Bluthochdruck entgegen.

7. Wie fit ist Ihr Immunsystem?

	Ja	Nein
1. Leiden Sie wiederholt an Erkältungen oder an Harnwegsinfektionen?		
2. Arbeiten Sie im Schichtbetrieb?		
3. Fliegen Sie häufig in andere Zeitzonen?		
4. Sind Sie älter als 60 Jahre?		
5. Sind Sie schwanger oder stillen Sie?		
6. Haben Sie vor kurzem eine schwere Krankheit oder einen größeren chirurgischen Eingriff durchgemacht?		
7. Sind Sie chronisch krank?		
8. Nehmen Sie regelmäßig Medikamente (Antibiotika, Kortikoide, Zytostatika etc.) ein?		
9. Rauchen Sie?		
10. Trinken Sie reichlich Alkohol?		
11. Sind Sie häufig Stress ausgesetzt?		
12. Sind Sie häufig Lärm ausgesetzt?		
13. Ernähren Sie sich oft von „Fast Food“?		
14. Arbeiten Sie in einem stark von Chemikalien belasteten Umfeld oder halten Sie sich regelmäßig in einem solchen Umfeld auf?		
Gesamt		

Auswertung:

Je häufiger Sie mit „Ja“ geantwortet haben, umso größer ist die Wahrscheinlichkeit, dass Ihr Immunsystem geschwächt ist. Das zeigt sich an häufig wiederkehrenden Infektionen (Erkältungen, Harnwegsinfekte).

Ältere Menschen haben im Vergleich zur durchschnittlichen erwachsenen Bevölkerung ein schwächeres Immunsystem. Auch überstandene Krankheiten oder eine Dauertherapie mit manchen **synthetischen Medikamenten** können das Immunsystem nachhaltig schwächen. Das Gleiche gilt für chronische Krankheiten. Was viele Menschen nicht wissen: Ständiger **Stress** (dazu zählt auch Dauerlärm) schwächt ebenfalls das Immunsystem. Ebenso können sich **Vitamin- und Mineralstoffmangel,** übermäßiger **Alkoholgenuss** und übertriebenes **Sonnenbaden** negativ auf das Immunsystem auswirken.

Stärken Sie bewusst Ihr Immunsystem – durch vitaminreiche Ernährung, Wasserbehandlungen und andere Naturheilverfahren. Ein starkes Immunsystem schützt Sie jedoch nicht nur vor harmlosen Infektionskrankheiten: Weltweit tauchen längst vergessene Infektionskrankheiten wieder auf, weil immer mehr Krankheitserreger nicht mehr auf die verfügbaren Medikamente reagieren. Dazu zählen unter anderem Tuberkulose- und Malaria-Erreger sowie sämtliche krankmachenden Viren, gegen die Sie nur ein starkes Immunsystem schützen kann. Fest steht ebenfalls, dass ein gesundes Immunsystem den Ausbruch von Krebs und vermutlich auch von vielen anderen Krankheiten, verhindern kann.

8. Spezialtest für den Mann: Wie hoch ist Ihr Risiko für eine gutartige Prostatawucherung (BPH)?

Bestimmen Sie den Punktwert Ihrer Antworten nach folgendem Schema:

gar nicht = 0 Punkte
in weniger als 20 % des angegebenen Zeitraums = 1 Punkt
in weniger als der Hälfte des angegebenen Zeitraums = 2 Punkte
in etwa der Hälfte des angegebenen Zeitraums = 3 Punkte
in mehr als der Hälfte des angegebenen Zeitraums = 4 Punkte
fast immer = 5 Punkte

	Punkte
1. Wie häufig hatten Sie im letzten Monat das Gefühl, dass Ihre Blase beim Wasserlassen nicht vollständig entleert war?	....
2. Wie häufig mussten Sie im letzten Monat nach weniger als zwei Stunden wieder Wasser lassen?	....
3. Wie oft haben Sie im letzten Monat festgestellt, dass Sie das Wasserlassen mehrmals unterbrechen und wieder beginnen mussten?	....
4. Wie oft war es im letzten Monat schwierig für Sie, das Wasserlassen hinauszuschieben?	....
5. Wie oft hatten Sie im letzten Monat einen schwachen Harnstrahl?	....
6. Wie oft mussten Sie sich im letzten Monat anstrengen oder pressen, um das Wasserlassen zu beginnen?	....
7. Wie häufig mussten Sie im letzten Monat nachts aufstehen, um Wasser zu lassen?	
Gesamt	

Auswertung:

0 bis 6 Punkte: Bei Ihnen hat sich die Benigne Prostatahyperplasie (BPH) noch nicht angekündigt, oder es handelt sich um ein **Anfangsstadium**. In diesem Stadium ist noch keine Behandlung erforderlich. Sollten Sie die Beschwerden dennoch belasten, so können Sie Kürbiskerne (täglich etwa einen Esslöffel) essen oder Tee aus Brennnesselwurzeln trinken. Diese Naturheilmittel sind gegen BPH sehr gut wirksam.

7 Punkte oder mehr: Bei Ihnen liegen **deutliche Anzeichen** einer BPH vor. Suchen Sie einen Urologen auf! Es muss die Frage geklärt werden, ob und wie viel Harn nach dem Wasserlassen in Ihrer Blase zurückbleibt. Danach richtet sich die weitere Behandlung.

Bei der BPH handelt es sich um eine gutaratige Wucherung der Prostata (Vorsteherdrüse). Dadurch wird die Harnröhre verengt und das Wasserlassen erschwert. Bei mittelschwerer BPH sind mit **pflanzlichen Präparaten** (so genannten Phytopharmaka) gute Therapieerfolge zu erreichen. In fortgeschrittenen Stadien der BPH ist jedoch in aller Regel ein chirurgischer Eingriff erforderlich.

Es gibt auch alternative Verfahren zur Beseitigung des überschüssigen Prostatagewebes, insbesondere die **Lasertherapie** und **Wärmebehandlungen**, doch zurzeit liegen noch keine ausreichenden Langzeiterfahrungen mit diesen Methoden vor.

Auch so genannte **intraurethrale Implantate** können bei fortgeschrittener BPH helfen. Es handelt sich um spiralenförmige Gebilde aus Edelmetall, die in die Harnröhre eingeführt werden und diese von innen offen halten. Die meisten Implantate sind jedoch nur zur Überbrückung der Zeit bis zur Operation geeignet.

9. Spezialtest für die Frau: Wie hoch ist Ihr Osteoporose-Risiko?

	Ja	Nein
1. Sind Sie älter als 45 Jahre?		
2. Ist oder war eine Ihrer direkten weiblichen Verwandten (Mutter, Großmutter) an Osteoporose erkrankt?		
3. Treten (oder traten in der Vergangenheit) bei Ihnen Störungen der Regelblutung, insbesondere lange Pausen, auf?		
4. Lag die Menopause (= letzte Monatsblutung) bei Ihnen vor dem 45. Lebensjahr?		
5. Wurden Ihnen vor dem 45. Lebensjahr die Eierstöcke entfernt?		
6. Sind Sie Hochleistungssportlerin gewesen?		
7. Rauchen Sie?		
8. Wurden Sie in der Vergangenheit länger als drei Monate mit hoch dosierten kortisonhaltigen Medikamenten behandelt?		
9. Sind Sie untergewichtig oder von sehr grazilem Körperbau?		
10. Haben Sie eine Milchallergie oder Milchunverträglichkeit?		
11. Trinken Sie täglich Colagetränke und andere Softdrinks?		
12. Sitzen Sie vorwiegend?		
13. Leben Sie in einem Gebiet mit sehr weichem Trinkwasser?		
Gesamt		

Auswertung:

Je mehr Fragen Sie mit „Ja" beantwortet haben, umso größer ist Ihr persönliches Risiko, an Osteoporose zu erkranken – unabhängig von Ihrem Alter.

Manche der aufgezählten Risikofaktoren können Sie nicht ändern (etwa ein graziles Knochengerüst, Ihr Alter, Osteoporose in der Familie). Doch bei einer Reihe anderer Risikofaktoren können Sie „Pluspunkte" sammeln und dadurch der Krankheit vorbeugen:

- Versorgen Sie Ihren Körper regelmäßig mit **Kalzium**: Trinken Sie täglich etwa einen Liter Milch oder verzehren Sie eine entsprechende Menge Milchprodukte (insbesondere Hartkäse). Wenn Sie an Milchunverträglichkeit leiden, trinken Sie kalziumhaltiges Mineralwasser (Zusammensetzung auf dem Etikett beachten). Fragen Sie Ihren Arzt, ob er die Einnahme von Kalziumtabletten empfiehlt.
- **Bewegen Sie sich** regelmäßig! **Körperliche Aktivität**, bei der die Muskeln belastet werden, ist eine hoch wirksame Vorbeugung gegen Osteoporose. Das gilt allerdings nicht für Hochleistungssport: Die extreme Beanspruchung schwächt im Gegenteil den Organismus und ist ein wichtiger Risikofaktor für Osteoporose.
- Rauchen Sie nicht! **Rauchen** gehört zu den wichtigsten Risikofaktoren für Osteoporose.
- **Süße Getränke und Zucker** zählen zu den „Kalziumräubern" – sie rauben Ihrem Organismus einen Teil des Kalziums, das Sie mit Ihrer Nahrung aufgenommen haben, indem sie den Einbau des Minerals in die Knochen behindern.
- Langzeitbehandlungen mit hoch dosierten **Kortisonpräparaten** bedeuten stets ein deutlich erhöhtes Osteoporose-Risiko. Ist oder war eine solche Behandlung bei Ihnen erforderlich, sollten Sie besonders darauf achten, durch Vorbeugungsmaßnahmen dem erhöhten Risiko entgegenzuwirken!
- Wenn Sie an **Störungen der Östrogenproduktion** leiden (Unregelmäßigkeiten in der Regelblutung, vorzeitiger Eintritt ins Klimakterium), haben Sie ein erhöhtes Osteoporose-Risiko. In einem solchen Fall sollte Ihr Arzt entscheiden, ob für Sie eine Behandlung mit Präparaten zur Hemmung des Knochenabbaus sinnvoll ist.

10. Schlafrhythmus: Ist Ihr Melatonin-Haushalt in Ordnung?

	Ja	Nein
1. Arbeiten Sie im Schicht- oder Nachtdienst?		
2. Fliegen Sie häufig und in kurzen Abständen in andere Zeitzonen?		
3. Gehören Sie zu den Menschen, die erst bei Nacht so richtig munter werden?		
4. Gehen Sie häufig erst nach Mitternacht zu Bett?		
5. Lassen Sie sich morgens von einem Elektro- oder Radiowecker wecken?		
6. Halten Sie sich am Tag überwiegend in Räumen auf, in die kein Tageslicht eindringen kann (z. B. fensterlose Kaufhäuser)?		
7. Sind Sie älter als 60 Jahre?		
8. Rauchen Sie?		
9. Halten Sie sich täglich mindestens ein bis zwei Stunden bei Tageslicht im Freien auf?		
10. Schalten Sie, bevor Sie zu Bett gehen, alle Elektrogeräte in Ihrem Schlafzimmer aus?		
11. Treiben Sie regelmäßig Sport im Freien?		
12. Achten Sie auf eine vitaminreiche, ausgewogene und abwechslungsreiche Ernährung?		
Gesamt		

Auswertung:

Fragen 1 bis 8: Je öfter Sie mit „Ja" geantwortet haben, umso wahrscheinlicher ist es, dass Ihre Melatonin-Produktion gestört ist.

Fragen 9 bis 12: Wenn Sie mit „Nein" antworten, hat es Ihre Zirbeldrüse schwer, ausreichende Mengen an Melatonin zu produzieren.

Melatonin ist ein Hormon, das bei Dunkelheit in der Zirbeldrüse des Gehirns entsteht und uns müde macht. Bei Tageslicht hört die Melatonin-Produktion auf – Reste des Hormons werden rasch abgebaut. Dadurch wird der Mensch wieder munter.

Neben dieser Rolle als **„innere Uhr"** hat Melatonin weitere wichtige Aufgaben zu erfüllen: Es schützt sowohl die Zellen als auch das Gewebe vor den Auswirkungen freier Radikale und damit allgemein vor **Alterungsprozessen**. Auch für ein **starkes Immunsystem** ist Melatonin unentbehrlich. Das Hormon senkt außerdem den **Cholesterinspiegel** im Blut und kontrolliert die Tätigkeit des **Herzmuskels**. Dadurch schützt Melatonin sogar direkt vor Herzinfarkt.

Wichtig für die günstigen Auswirkungen von Melatonin ist nicht die Menge des Hormons im Blut. Das haben Untersuchungen einwandfrei belegt. Vielmehr ist der ungestörte Rhythmus entscheidend, in dem das Melatonin von der Zirbeldrüse produziert und in den Blutkreislauf ausgeschüttet wird: viel Melatonin bei Nacht und so gut wie gar nichts bei Tag.

Achten Sie deshalb auf einen geregelten Tag- und Nachtrhythmus, damit für Ihre Zirbeldrüse die erforderlichen Bedingungen für eine optimale Melatonin-Produktion gegeben sind. Halten Sie sich bei Tag viel im Freien auf und ernähren Sie sich vollwertig, um die notwendigen Nährstoffe für die Hormonproduktion zu sichern. Schützen Sie sich während des Schlafs vor Elektro-Smog: Elektromagnetische Felder können die Tätigkeit der Zirbeldrüse stark beeinträchtigen.

11. Reagieren Sie überempfindlich auf Chemikalien und Umweltgifte?

	Ja	Nein
1. Leben Sie in der Nähe einer Müllverbrennungsanlage oder Sondermülldeponie?		
2. Befindet sich in der Nähe Ihres Wohnorts eine Industrieanlage?		
3. Wurden in Ihrer Wohnung/Ihrem Haus Holzschutzmittel angewendet (auch in der Vergangenheit)?		
4. Befinden sich in Ihren Wohnräumen fest verklebte Fußbodenbeläge?		
5. Haben Sie in Ihrer Wohnung Teppichböden oder Polstermöbel, die gegen Insektenbefall geschützt sind?		
6. Rauchen Sie, oder leben Sie mit einem oder mehreren Rauchern in einem gemeinsamen Haushalt?		
7. Halten Sie sich vorwiegend in geschlossenen Räumen auf (dazu zählt auch das Kraftfahrzeug bei Berufsfahrern)?		
8. Arbeiten Sie in einem Supermarkt, Bekleidungs- oder Textilgeschäft bzw. -lager?		
9. Haben Sie häufig (z. B. in Ihrem Beruf) mit Insektenvernichtungsmitteln, Holzschutzmitteln, Lösungsmitteln, stark duftenden Kosmetika, Reinigungs- und Hygienemitteln zu tun?		
Gesamt		

Auswertung:

Je häufiger Sie mit „Ja“ antworten, umso höher ist Ihr Risiko, überempfindlich zu reagieren und eine Multiple Chemische Sensitivität (MCS) zu entwickeln.

MCS ist eine allergieähnliche Krankheit, bei der die Patienten unter Symptomen leiden, die durch winzige Mengen von Chemikalien aus der Umwelt hervorgerufen werden. Im Unterschied zu den „echten“ Allergien gibt es noch keine Erkennungstests, die die Chemikalien-Überempfindlichkeit schnell und einwandfrei bestätigen könnten. Deshalb wird MCS von vielen Schulmedizinern noch nicht anerkannt und häufig als Einbildung oder Psychose abgetan. Wird die Krankheit jedoch richtig erkannt und behandelt, kann dem Betroffenen bald geholfen werden. Dazu ist eine sachgerechte Behandlung durch einen Umweltmediziner mit entsprechender Ausbildung erforderlich.

Diese Anzeichen können auf MCS hinweisen: häufige Kopfschmerzen, Geruchsempfindlichkeit, Konzentrationsstörungen, Infektanfälligkeit, Müdigkeit, Augenbrennen, juckende Nase.

MCS stellt sich meist als Folge einer **Dauerbelastung durch Umweltschadstoffe** ein. Gefährdet sind insbesondere Anwohner von Müllverbrennungs- oder Industrieanlagen und Berufstätige, die an ihrem Arbeitsplatz vermehrt Chemikalien ausgesetzt sind. Dazu zählen vor allem Beschäftigte in Druckereien und Lackierbetrieben (Lösungsmittel), aber auch Personal in Supermärkten und Bekleidungsgeschäften (häufige Anwendung von Insektenvernichtungsmitteln).

Doch auch im eigenen Heim kann die Atemluft gefährlich durch **Chemikalien** belastet sein: durch Holzschutzmittel aus Holzverkleidungen, Böden oder Möbeln, durch Insektenschutzmittel aus Verdampfern, Teppichen, Polstermöbeln oder Gardinen, durch Lösungsmittel aus Teppichklebern, durch Tabakrauch oder stark riechende Reinigungs- und Hygienemittel und vieles mehr.

Sie können der MCS vorbeugen, indem Sie den Kontakt mit Umweltchemikalien auf ein Minimum einschränken. Achten Sie im Beruf, aber auch bei Hobbyarbeiten auf einen entsprechenden Arbeitsschutz!

12. Haben Sie ein erhöhtes Arteriosklerose- und Herzinfarkt-Risiko?

	Ja	Nein
1. Haben Sie Übergewicht?		
2. Leiden Sie an Bluthochdruck?		
3. Leiden Sie an der Zuckerkrankheit (Diabetes)?		
4. Haben Sie erhöhte Blutfettwerte?		
5. Rauchen Sie?		
6. Stehen Sie beruflich oder privat ständig unter Stress – fühlen Sie sich dauernd gehetzt und unter Termindruck?		
7. Haben Sie oft das Gefühl, dass Sie sich in einer ausweglosen Situation befinden?		
8. Sind Sie in Ihrem Beruf Dauerlärm ausgesetzt?		
9. Wohnen Sie in der Nähe eines Flugplatzes oder an einer stark befahrenen Straße?		
10. Haben ein oder mehrere Mitglieder Ihrer Familie in jungen Jahren (vor dem 50. Lebensjahr) einen Herzinfarkt erlitten?		
Gesamt		

Auswertung:

Je häufiger Sie mit „Ja“ antworten, umso höher ist Ihr persönliches Risiko, an Arteriosklerose oder deren Folgen (Herzinfarkt, Schlaganfall) zu erkranken.

Bei einigen Risikofaktoren liegt es nicht in Ihrer Macht, sie zu ändern, z. B. wenn in Ihrer Familie Herzinfarkt bereits häufiger aufgetreten ist. Doch Sie können durch entsprechende Vorbeugungsmaßnahmen den meisten anderen Risikofaktoren gut entgegenwirken. Dadurch können Sie Ihr Gesamtrisiko für Arteriosklerose, Herzinfarkt oder Schlaganfall deutlich senken.

Wenn Sie an **Bluthochdruck**, **Diabetes** oder einer **Fettstoffwechselstörung** (erhöhte Cholesterinwerte) leiden, suchen Sie Ihren Arzt auf. Durch eine geeignete Bewegungs- und Ernährungstherapie können Sie die meisten dieser Risikofaktoren wirksam „in den Griff“ kriegen. Wenn nicht, kann eine begleitende medikamentöse Therapie helfen.

Wenn Sie dauernd unter **Stress** stehen, sollten Sie eine der zahlreichen Entspannungstechniken erlernen. Dadurch können Sie einen weiteren bedeutenden Risikofaktor für Arteriosklerose ausschalten.

Es ist wissenschaftlich erwiesen, dass **Dauerlärm** die Gefahr von Arteriosklerose und Herzinfarkt steigert – auch dann, wenn es sich „nur“ um niedrige Schallpegel handelt, etwa um Straßenlärm bei Nacht. Schützen Sie sich durch entsprechende Maßnahmen – tragen Sie einen geeigneten Ohrschutz, wenn Sie im Beruf dauerndem Lärm ausgesetzt sind. Lassen Sie in Ihrer Wohnung oder am Arbeitsplatz schalldämpfende Fensterscheiben anbringen etc.

Durch **Rauchen** und **Übergewicht** steigt Ihr persönliches Risiko für Arteriosklerose und deren Folgeerkrankungen deutlich an. Es dürfte Ihnen nicht allzu schwer fallen, diese beiden Risikofaktoren auszuschalten. Wenn Sie es nicht allein schaffen: Viele Volkshochschulen oder Krankenkassen bieten Kurse zur Raucherentwöhnung und Gewichtsreduktion an. Die meisten Krankenkassen gewähren einen finanziellen Zuschuss für solche Kurse. Sie können sich auch einer entsprechenden Selbsthilfegruppe anschließen. In gemeinsamer Gruppenarbeit gelingt es oft leichter, das Ziel zu erreichen. Oder wenden Sie sich einfach an Ihren Arzt mit der Bitte um Rat und Hilfe.

13. Sollten Sie sich gegen Grippe (Influenza) impfen lassen?

	Ja	Nein
1. Sind Sie älter als 65 Jahre?		
2. Leiden Sie an Diabetes (der Zuckerkrankheit)?		
3. Leiden Sie an Angina pectoris (Koronare Herzkrankheit) oder an einer anderen Herz-Kreislauf-Erkrankung?		
4. Haben Sie ein chronisches Leber- oder Nierenleiden?		
5. Waren Sie in den letzten drei Monaten schwer krank?		
6. Haben Sie vor kurzem einen größeren chirurgischen Eingriff vornehmen lassen – oder ist abzusehen, dass ein solcher während der Wintermonate vorgenommen werden muss?		
7. Werden Sie zurzeit (oder wurden Sie bis vor kurzem) mit Medikamenten behandelt, die das Immunsystem schwächen (hoch dosierte Kortikoide, Chemotherapie)?		
8. Haben Sie sich in den letzten Monaten einer Röntgentherapie unterziehen müssen?		
9. Haben Sie beruflich mit vielen Menschen zu tun (am Post- oder Bankschalter, als Zugbegleiter, als Fahrer im öffentlichen Personennahverkehr und in ähnlichen Beschäftigungen)?		
10. Kommen Sie beruflich viel mit Kindern, Kranken oder älteren Menschen in Kontakt (medizinisches Personal, Pflege-, Lehr- oder Erziehungskraft)?		
Gesamt		

Auswertung:

Wenn Sie auf eine der gestellten Fragen mit „Ja“ geantwortet haben, ist für Sie eine Grippe-Impfung sinnvoll.

Die „echte“ Grippe (Influenza) ist eine schwere Krankheit – im Unterschied zu den harmlosen Erkältungskrankheiten, die sich häufig mit ähnlichen Symptomen ankündigen. Lang anhaltendes, mitunter sehr hohes Fieber kann bei geschwächten Menschen akut lebensbedrohlich werden.

Für Personen, die an bestimmten **chronischen Krankheiten** leiden oder aus verschiedenen Gründen ein **geschwächtes Immunsystem** haben, besteht eine erhöhte Gefahr von schweren Komplikationen (z. B. Lungenentzündung). Gegen die Influenza gibt es kaum wirksame Medikamente – das Immunsystem des Kranken muss mit der Infektion weitgehend allein fertig werden.

Sollten Sie zu einer der genannten Risikogruppen zählen, ist deshalb eine Grippe-Impfung für Ihren persönlichen Schutz ratsam.

Wenn Sie in Ihrem Beruf **mit vielen Menschen in Kontakt** kommen, sind Sie automatisch einem höheren Infektionsrisiko ausgesetzt. Doch wenn Sie erkranken, trifft die Grippe nicht nur Sie persönlich, sondern auch viele andere Menschen, mit denen Sie in Kontakt gekommen sind, bevor sich die Krankheit angekündigt hat. Aus diesem Grund ist ein Impfschutz sicher zu rechtfertigen.

Gesunde Schulkinder und Erwachsene benötigen keinen speziellen Impfschutz gegen die Influenza – ein immunstärkendes Programm und Vorbeugungsmaßnahmen reichen in aller Regel aus. Säuglinge und Kleinkinder sollten möglichst vor Infektionsquellen geschützt werden.

14. Wie sicher sind Sie als Fußgänger(in) oder Fahrer(in) im Straßenverkehr?

	Ja	Nein
1. Empfinden Sie Kreuzungen in letzter Zeit häufig als unübersichtlich oder verwirrend?		
2. Scheinen Fahrzeuge oft wie aus dem Nichts aufzutauchen?		
3. Haben Sie manchmal Schwierigkeiten, Fußgänger oder Verkehrsschilder wahrzunehmen?		
4. Reagieren Sie in gefährlichen Verkehrssituationen langsamer als früher?		
5. Ist es für Sie zunehmend schwieriger, den Abstand zu fahrenden Kraftfahrzeugen richtig einzuschätzen?		
6. Werden Sie bei Dunkelheit oft durch Scheinwerferlicht geblendet?		
7. Können Sie Ihren Hals vollständig zur Seite drehen?		
8. Haben Sie Schwierigkeiten, Ihre Arm- und Beinbewegungen zu koordinieren?		
9. Verlaufen oder verfahren Sie sich manchmal in vertrauter Umgebung?		
10. Werden Sie oft von Verkehrsteilnehmern angehupt oder mit der Lichthupe angeblinkt?		
11. Fühlen Sie sich als Autofahrer am Steuer nervös oder fühlen Sie sich anschließend körperlich erschöpft?		
12. Hatten Sie im letzten Jahr Verkehrsunfälle bzw. Beinahe-Unfälle oder haben Sie in irgendeiner sonstigen Form unbeabsichtigt gegen die Verkehrsregeln verstoßen?		
Gesamt		

Auswertung:

Ob Autofahrer(in) oder Fußgänger(in): Als aktiver Teilnehmer am Straßenverkehr sind Sie mitverantwortlich für Ihre persönliche Sicherheit sowie für die Sicherheit anderer Verkehrsteilnehmer. Wenn Sie mehrmals mit „Ja" antworten mussten, ist es deshalb an der Zeit, etwas gegen das zugrunde liegende Problem zu unternehmen.

Mit zunehmendem Alter ändert sich bei den meisten Menschen das **Sehvermögen**. Besonders häufig stellt sich eine Einschränkung des Gesichtsfelds ein – das ist der Winkel, den wir mit einem einzigen Blick wahrnehmen können.

Machen Sie einen Test: Strecken Sie beide Arme waagerecht zu den Seiten aus und blicken Sie geradeaus. Bewegen Sie nun langsam beide Arme gleichzeitig nach vorn. Wann beginnen Sie – obwohl Sie weiterhin geradeaus blicken –, Ihre Arme wahrzunehmen? Je später dies geschieht, umso enger ist Ihr Gesichtsfeld. Verständlich, dass bei einem eingeschränkten Gesichtsfeld von der Seite nahende Fahrzeuge zu spät erkannt werden! Lassen Sie deshalb beim Augenarzt von Zeit zu Zeit Ihr Gesichtsfeld überprüfen!

Wenn Sie Koordinierungsschwierigkeiten haben, ist eine regelmäßige, angepasste sportliche Aktivität (z. B. zügiges Gehen, Schwimmen, Radfahren) die beste Therapie. So können Sie auch im höheren Alter deutliche Besserung erreichen! Auch gegen **Muskelverpannungen**, die im Straßenverkehr recht hinderlich sind, gibt es wirksame Naturheilverfahren. Nicht zuletzt sollten Sie sich aber auch einmal die Frage stellen: Haben Sie wirklich Lust, sich weiterhin dem Stress im Straßenverkehr auszusetzen? Bus- und Bahnfahren kann viel Spaß machen – und die Nerven schonen.

15. Wie zuversichtlich können Sie Ihrem Lebensabend entgegensehen?

	Ja	Nein
1. Ernähren Sie sich vollwertig?		
2. Achten Sie auf einen geregelten Tag- und Nachtrhythmus?		
3. Treiben Sie regelmäßig Sport?		
4. Sind Sie ausreichend kranken- und pflegeversichert?		
5. Können Sie sich Veränderungen gut anpassen?		
6. Haben Sie Freunde oder gute Bekannte, mit denen Sie sich regelmäßig treffen?		
7. Gehen Sie regelmäßig einer Beschäftigung nach?		
8. Sind Sie es gewohnt, Ihre Freizeit sinnvoll einzuteilen?		
9. Werden Sie im Alter Ihre jetzige Wohnung oder einen anderen, Ihren Wünschen entsprechenden Wohnsitz behalten können?		
10. Haben Sie ausreichende finanzielle Rücklagen für eventuell erforderliche gesundheitliche Zusatzleistungen, die nicht durch die Kranken- oder Pflegeversicherung abgedeckt sind?		
11. Werden Sie voraussichtlich über ausreichend Geld für die gewohnten Lebensmittel verfügen?		
12. Haben Sie in ein zusätzliches Renteneinkommen investiert?		
13. Sind Sie sicher, dass Ihre Renten- bzw. Sozialversicherung ausreichend gedeckt ist (Versorgungslücken, Ausgleichszeiten etc.)?		
14. Werden Ihre Rente und eventuelle andere finanzielle Absicherungen für Reisen und Freizeitbeschäftigungen ausreichen?		
Gesamt		

Auswertung:

Je häufiger Sie die Fragen mit „Ja“ beantworten können, umso zuversichtlicher können Sie Ihrem Lebensabend entgegensehen. Prüfen Sie bei den Fragen, auf die Sie mit „Nein“ geantwortet haben, wie Sie die Situation zu Ihren Gunsten ändern können. Beraten Sie sich mit guten Freunden oder wenden Sie sich an einen Berater für Altersvorsorge.

Die beste Absicherung für einen zufriedenen Lebensabend ist eine **gute Gesundheit**. Achten Sie auf eine gesunde Ernährung, regelmäßige Bewegung sowie einen geregelten Tag- und Nachtrhythmus. Lassen Sie von Zeit zu Zeit einen Gesundheits-Check durchführen! Nehmen Sie auch an einem Hörtest teil – Schwerhörigkeit kann im Alter zu einem ernsthaften Hindernis für einen zufriedenen Alltag und gute soziale Kontakte werden.

Auch die äußeren Begleitumstände müssen stimmen, wenn Sie Ihrem Alter sorglos entgegensehen wollen. Prüfen Sie Ihre **Renten-, Kranken- und Pflegeversicherung** auf Ausfallzeiten, mögliche Vergünstigungen oder besondere Regelungen! Reichen Ihre finanziellen Rücklagen aus, damit Sie in der Rente Ihren gewohnten Lebensstandard halten können? Wenn Sie vorhaben, im Alter Ihren Wohnsitz zu verlegen, so verschieben Sie den Umzug nicht grundlos in die fernere Zukunft. Je früher Sie ihn in Angriff nehmen, umso leichter fällt es Ihnen, sich in der neuen Umgebung einzuleben und Freunde oder nette Bekannte zu finden.

Für einen glücklichen Lebensabend sind **gute Kontakte zu Freunden**, Verwandten und Bekannten besonders wichtig. Einsamkeit und soziale Isolation sind für viele ältere Menschen das größte Problem. Tun Sie etwas dagegen: Laden Sie öfter mal Gäste ein oder bieten Sie Ihren Nachbarn und Bekannten Hilfe an (Blumengießen während der Urlaubszeit, mit den Kindern spazierengehen, ihnen etwas vorlesen etc.). Auch eine regelmäßige Beschäftigung – Beruf, Haushalt oder eine ehrenamtliche Tätigkeit – ist wichtig. Das hält fit und macht zufrieden.

16. So erkennen Sie einen guten Therapeuten (Arzt, Heilpraktiker) oder eine gute Klinik

	Ja	Nein
1. Werden Sie aufgefordert, vereinbarte Leistungen im Voraus zu bezahlen?		
2. Handelt es sich bei diesen Vorauszahlungen um größere Summen?		
3. Haben Sie den Therapeuten oder die Klinik durch eine Zeitungsanzeige gefunden?		
4. Führt der Therapeut einen in Deutschland oder der Europäischen Union ungewohnten oder nicht anerkannten Titel?		
5. Wurde Ihnen rasche und zuverlässige Heilung oder Lösung Ihrer gesundheitlichen Probleme noch vor einer eingehenden ärztlichen Untersuchung zugesagt?		
6. Macht der Therapeut abfällige Bemerkungen über die Ärzte oder Therapeuten, bei denen Sie zuvor in Behandlung waren?		
7. Hat Sie der Therapeut über den Befund und die angestrebte Behandlung ausführlich aufgeklärt?		
8. Hat Sie der Therapeut auf mögliche Risiken, Gefahren oder unerwünschte Nebenwirkungen der geplanten Behandlung hingewiesen?		
9. Bei einer Klinik: Haben Ihr Hausarzt oder Ihre Krankenkasse eine Behandlung in dieser Einrichtung empfohlen oder als sinnvoll erachtet?		
10. Falls von der Schulmedizin nicht anerkannte Verfahren angewendet werden sollen: Hat Sie der Therapeut darauf ausdrücklich hingewiesen?		
Gesamt		

Auswertung:

Fragen 1 bis 6: Je öfter Sie mit „Ja" geantwortet haben, umso hellhöriger sollten Sie sein, wenn Sie sich in dieser Einrichtung behandeln lassen wollen.

Fragen 7 bis 10: Wenn Sie mit „Nein" geantwortet haben, sollten Sie die vorgesehene Therapie besonders kritisch prüfen, um zu vermeiden, dass Sie sich einer Behandlung unterziehen, die in Ihrem Fall keine Heilung bringen oder sogar bedenklich sein kann.

Wenn Leistungen nicht von der Krankenkasse übernommen werden, heißt das selbstverständlich nicht gleich, dass die Behandlung oder der Therapeut abzulehnen sind. Sie sollten jedoch in diesem Fall besonders aufmerksam prüfen, bevor Sie sich entscheiden.

Holen Sie so viele Informationen wie möglich ein! Wenn Sie eine Kurklinik suchen, beraten Sie sich vorher mit einem Arzt Ihres Vertrauens. Sie können auch Ihre Krankenkasse um Rat fragen, selbst wenn die Leistungen nicht von der Kasse übernommen werden. Lassen Sie sich nicht von verlockenden Prospekten blenden!

Je nach Art Ihrer gesundheitlichen Beschwerden können Sie sich bei einer Selbsthilfegruppe Auskunft einholen.

Ein Verzeichnis aller Selbsthilfegruppen in Deutschland erhalten Sie bei:

NAKOS
(Nationale Kontakt- und Informationsstelle zur Anregung
und Unterstützung von Selbsthilfegruppen)
Wilmersdorfer Str. 39
10627 Berlin
Tel.: 030/31 01 89 60
(Di., Mi., Fr. 9 – 13 Uhr, Do. 13 – 17 Uhr)
www.NAKOS.de

Werden Sie hellhörig bei Selbstzahler-Leistungen, wenn ...

- in der Praxis viele Patienten „über einen Kamm geschoren" werden, indem allen die gleichen Behandlungsverfahren angeboten werden,
- der Arzt oder seine Helferinnen Ihnen wiederholt Naturheilverfahren oder Nahrungsergänzungsmittel anbieten, auch wenn Sie nicht danach gefragt haben,
- wenn der Arzt oder seine Helferinnen Vorsorge- oder Impftermine dazu nutzen, Ihnen Leistungen anzubieten, die Sie selbst zahlen sollen,
- wenn Ihnen der Arzt ohne konkreten Anlass „allgemein wohltuende" Verfahren anbietet, z. B. leistungssteigernde, immunstärkende, vorbeugende Maßnahmen, für die Sie selbst aufkommen sollen,
- der Arzt Sie zu überreden versucht, bestimmte Anwendungen selbst zu bezahlen („So viel sollte Ihnen Ihre Gesundheit wert sein"),
- der anbietende Arzt die Zusatzbezeichnung „Gesundheitsmediziner" oder „Diplom für Gesundheitsmedizin" führt (das sind inoffizielle Bezeichnungen für Ärzte, die an Verkaufsschulungen teilgenommen haben),
- von Ihnen eine Vorabzahlung (in bar) gefordert wird. Üblich ist, dass der Patient einen schriftlichen Kostenvoranschlag für Privatleistungen erhält (ähnlich, wie es bei Zahnersatz üblich ist) und die Rechnung nach Abschluss der Behandlung begleicht.

Die besten Naturheilmittel zur Immunstärkung

Wasserbehandlungen: Wie Sie mit einfachen Waschungen Ihre Abwehrkräfte steigern

Nehmen Sie die Anwendungen am besten morgens vor

Kaltes Wasser ist eine der **wirksamsten Möglichkeiten, um die körpereigenen Abwehrkräfte zu steigern**. Durch die Reizung der Nervenendigungen in der Hautoberfläche können das Immunsystem, die inneren Organe und das Nervensystem günstig beeinflusst werden. Kalte Waschungen sind für „Einsteiger" besonders gut geeignet.

1. Verwenden Sie zur Waschung keinen Schwamm, sondern ein kleines Handtuch aus grobem Leinen oder einen rauen **Waschlappen aus Baumwolle**.
2. Tauchen Sie das Tuch ins Wasser, wringen Sie es aus und reiben Sie Ihren Körper damit ab. Beginnen Sie mit dem rechten Arm; fahren Sie dann über Brust und Leib weiter fort bis zum linken Arm. Zuletzt gehen Sie über den Rücken zu den Beinen über. Abschließend reiben Sie auch die Fußsohlen ab. Die gesamte Waschung sollte **nicht länger als drei Minuten** dauern. Es reicht, wenn Sie Ihr Handtuch zwischendurch ein- oder zweimal ins Wasser tauchen.
3. Am besten nehmen Sie die Waschungen **morgens** vor. Anschließend sollten Sie noch einmal für ein paar Minuten ins wärmende Bett zurückkehren.
4. Kalte Waschungen sind **auch bei kranken oder gebrechlichen Menschen** hervorragend dazu geeignet, das geschwächte Abwehrsystem zu stärken. Wichtig ist allerdings, dass die Patienten nicht frieren – deshalb sollten Sie die nicht behandelten Körperteile immer mit einer Wolldecke zudecken! ■

Kneippsche Güsse: So führen Sie einen Knieguss leicht zu Hause durch

Dafür brauchen Sie kaum mehr als eine Minute

Etwas mehr Übung als Wassertreten erfordern die Kneippschen Wassergüsse – doch ihre immunsteigernde Wirkung ist umso nachhaltiger. Sie können die Güsse **leicht zu Hause in der Badewanne** durchführen – dazu brauchen Sie lediglich einen Duschkopf, an dem sich ein schwacher Wasserstrahl einstellen lässt. Das Wasser soll den begossenen Körperteil nicht unter Druck bespritzen, sondern nur sanft umfließen.

Wichtig ist, dass Sie beim Begießen **nicht frieren**: Erwärmen Sie sich vorher durch Bewegung oder eine Tasse heißen Tee. Achten Sie darauf, dass das Badezimmer beheizt ist – auch der Fußboden sollte warm sein (rutschfesten Badezimmervorleger verwenden).

Einfach zu Hause anzuwenden und hochwirksam ist der **Knieguss**. **Und so wird's gemacht:**

Setzen Sie den Wasserstrahl am großen Zeh an und führen Sie ihn ruhig am Schienbein entlang hinauf bis zum Knie. Umkreisen Sie die Kniescheibe langsam einige Male und führen Sie den Wasserstrahl langsam wieder zu den Zehen zurück. Verfahren Sie genauso am anderen Bein. Dann setzen Sie den Wasserstrahl an der Ferse an, führen ihn an der Wade entlang hinauf zur Kniekehle, umgießen diese ein paar Mal und führen den Strahl zurück zur Ferse. Genauso verfahren Sie am anderen Bein. Der ganze Guss soll **nicht länger als etwa eine Minute** dauern. Anschließend ist Erwärmung angesagt – durch einen zügigen Fußmarsch oder, wenn es Ihnen lieber ist, warm zugedeckt im Bett.

Sie können den Knieguss **regelmäßig morgens oder abends** anwenden – Ihr Immunsystem wird dadurch nachhaltig gestärkt. ■

Barfuß gehen: Die einfachste Art, Ihre Selbstheilungskräfte zu stärken

Probieren Sie es auch einmal mit Tautreten

Wohl die einfachste und zugleich älteste Art, den Organismus abzuhärten, ist das Barfußgehen. Viele Menschen befürchten beim Barfußgehen eine Erkältung. Doch diese Angst ist unbegründet, wenn Sie tatsächlich barfuß *gehen* – also nicht herumstehen oder sitzen! Wenn Sie an Barfußgehen nicht gewöhnt sind, **beginnen Sie mit einigen Minuten am Tag** und steigern die Dauer allmählich bis auf eine halbe Stunde täglich. Am wirksamsten ist Barfußgehen **frühmorgens** im nassen Sand oder im taufrischen Gras – doch auch zu Hause in Ihrer Wohnung können Sie regelmäßig Barfußgehen üben.

Wassertreten: So aktivieren Sie Ihr Immunsystem und steigern Ihr seelisches Wohlbefinden

Zur Steigerung der körpereigenen Abwehr ist auch Wassertreten hervorragend geeignet. Im Urlaub haben Sie vielleicht die Möglichkeit, in einem Bach oder im seichten Wasser am Strand zu waten. Sie können aber auch zu Hause Wasser treten: Lassen Sie in die Badewanne oder in ein geeignetes Gefäß so viel kaltes Wasser einfließen, dass es etwa bis zur Mitte Ihrer Unterschenkel reicht. Steigen Sie ins Wasser und **treten Sie abwechselnd von einem Fuß auf den anderen.** Heben Sie den Fuß jeweils bis über die Wasseroberfläche hinauf! Die ganze Anwendung soll **nicht länger als ein bis zwei Minuten** dauern – bei sehr kaltem Wasser noch kürzer. Auf diese Weise können Sie Ihr Immunsystem wirksam stärken und nebenbei auch etwas Gutes für Ihr seelisches Wohlbefinden tun – was Ihrem Immunsystem ebenfalls zugute kommt. ■

Hautbürstungen: Wie Sie die Funktion Ihrer inneren Organe verbessern

Beginnen Sie immer am Fuß und bürsten Sie in Richtung Herz

Durch Bürstungen werden in der Haut bestimmte Reflexzonen gereizt, die über das Nervensystem mit inneren Organen verbunden sind. So ist es möglich, **über die Haut die Funktion der inneren Organe zu verbessern bzw. eine Überaktivität zu bremsen**. Auf diese Weise können Sie auch das Immunsystem in Schwung halten. Außerdem kommt eine regelmäßig gebürstete Haut besser ihrer Immunfunktion als Schutzbarriere gegen verschiedene Krankheitserreger nach.

Zum Hautbürsten ist am besten eine langstielige Bürste mit weichen Naturborsten geeignet. Bürsten Sie Ihre Haut **immer vor dem Duschen** oder Waschen – so werden die abgelösten Hautpartikel gleich fortgespült. Anschließend können Sie Ihre Haut mit einer milden Körpermilch einreiben.

So gehen Sie beim Hautbürsten vor:

Setzen Sie die Bürste am rechten Fuß unten beim großen Zeh an. **Bürsten Sie gleichmäßig und langsam, mit leichtem Druck** bis zur Achselhöhle – **immer in Richtung Herz.** Fahren Sie genauso am linken Fuß fort. Anschließend bürsten Sie die Arme, ebenfalls von den Fingern aufwärts zum Herzen hin. Von den Schultern und vom Kopf bürsten Sie dann abwärts, ebenfalls in Richtung Herz. Die Brust bürsten Sie in Kreisen; **die Brustwarzen und das Gesicht werden nicht gebürstet.** Ebenso sparen Sie erkrankte Hautpartien solange aus, bis sie abgeheilt sind. Cremen Sie anschließend Ihren Körper nach Belieben mit einer anregenden oder ausgleichenden Körperlotion ein, z. B. Sanddorn-, Mandel- oder Ringelblumenlotion (aus Reformhaus oder Drogerie). Regelmäßiges Hautbürsten – am besten täglich – hält Ihr Immunsystem in Schwung. Zugleich bleibt Ihre Haut frisch und schön. ■

Sauna: Hochwirksamer Schutz vor Grippe und Erkältungen

Wichtig: Halten Sie die Ruhezeiten nach dem Saunagang ein

Saunabaden ist eine besonders angenehme Art, die körpereigene Abwehr zu stärken. Die immunsteigernde Wirkung des Saunabades wurde mittlerweile in zahlreichen wissenschaftlichen Untersuchungen bestätigt. Insbesondere vor **Grippe und Erkältungskrankheiten** können Sie sich wirksam schützen, wenn Sie regelmäßig die Sauna besuchen.

Goldene Regeln des Saunabadens:

Gehen Sie **nicht mit vollem Magen** in die Sauna; entleeren Sie vorher Darm und Blase. Duschen Sie vor dem Betreten der Sauna mit warmem Wasser. Nehmen Sie zuerst auf der untersten Stufe Platz. Wechseln Sie **erst nach fünf Minuten in eine höhere Lage** (nur wenn Sie das Bedürfnis nach größerer Hitze haben!). Liegen ist übrigens kreislaufschonender als Sitzen.

Bei Unwohlsein verlassen Sie sofort die Sauna und kühlen sich ab! Ansonsten dürfen Sie **10 bis 15 Minuten saunen**. Danach kühlen Sie sich durch ein Luftbad, eine Waschung, kalte Güsse oder ein kaltes Tauchbad ab. Nach der **Abkühlung** wiederholen Sie den Saunagang; saunen Sie insgesamt jedoch **nicht länger als 30 Minuten pro Tag**. Nach Beendigung der Saunagänge ruhen Sie sich etwa eine Stunde lang aus. Trinken Sie Mineralwasser, Tee oder Fruchtsaft, um den Flüssigkeitsverlust auszugleichen.

Bei Krampfadern und akuten Erkrankungen ist Saunen nicht geeignet. Wenn Sie an einer chronischen Krankheit leiden, fragen Sie Ihren Arzt, ob er Ihnen das Saunabaden empfiehlt. ■

Bewegung und Sport: Schon 20 Minuten täglich bringen Ihre Immunzellen auf Trab

Das Grundprinzip dabei: Laufen ohne zu schnaufen

Mit Sport und Spaß können Sie hervorragend Ihre körpereigenen Abwehrkräfte „auf Trab" bringen. Untersuchungen im Labor haben gezeigt, dass schon eine einmalige körperliche Belastung von 20 Minuten ausreicht, um die Aktivität der Immunzellen vorübergehend deutlich messbar zu steigern. Wenn Sie maßvoll und regelmäßig (**zwei- bis dreimal in der Woche**) Ausdauersport betreiben, reagiert Ihr Organismus automatisch mit einer **allgemeinen Mobilisierung des Immunsystems**. Das trägt zum besseren Schutz vor Krankheiten bei.

Sie können in jedem Alter mit Ausdauersport beginnen, auch wenn Sie vorher noch nie Sport getrieben haben. Wenn Sie über 45 Jahre alt sind, lassen Sie vorsorglich einen Gesundheits-Check durchführen, bevor Sie mit dem Training beginnen. Nach gründlicher Untersuchung können auch Personen mit Herz-Kreislauf-Erkrankungen maßvoll Sport treiben! Fragen Sie Ihren Arzt, welche Art von sportlicher Betätigung er Ihnen empfiehlt.

Wählen Sie eine Sportart, die Ihnen Spaß macht, und betreiben Sie sie regelmäßig zwei- bis dreimal in der Woche jeweils etwa eine halbe Stunde lang. Besonders geeignet für die Steigerung der körpereigenen Abwehrkräfte sind Schwimmen, Radfahren, zügiges Gehen, Laufen und Tanzen.

Grundregel: Sie sollten sich nur so sehr belasten, dass Sie in der Lage sind, bei der sportlichen Betätigung auch noch zu sprechen. Das ist ein gutes Zeichen dafür, dass Sie Ihrem Körper nicht zu viel zumuten. ■

Elektro-Smog: Verbannen Sie Radiowecker und Handy aus Ihrem Schlafzimmer – und Ihr Immunsystem atmet auf

Funkwellen können Ihr Immunsystem empfindlich stören

Sicher ist Ihnen schon aufgefallen: Wer schlecht schläft, wird auch leichter krank. Einen ganz besonders tückischen negativen Einfluss auf unseren Schlaf haben Elektrogeräte. Ihre elektromagnetischen Felder (Funkwellen) **beeinträchtigen** nachgewiesenermaßen **die nächtliche Produktion und Ausschüttung des Schlafhormons Melatonin** in der Zirbeldrüse. Zu wenig Melatonin führt nicht nur zu dauerndem Aufwachen oder mangelnder Schlaftiefe, die indirekt auch das Immunsystem schwächen. Nein, Melatonin selbst ist auch ein wichtiger Aktivator der körpereigenen Abwehrkräfte: Zwei Zentralorgane des Immunsystems, die Thymusdrüse unter dem Brustbein und die Milz, haben an ihrer Oberfläche Rezeptoren („Andockstellen") für Melatonin. Ist im Blut ausreichend Melatonin vorhanden, bindet es sich an diese Rezeptoren und steigert so die Leistung dieser Immunorgane. Fehlt Melatonin, liegt die Abwehr darnieder!

Schützen Sie daher Ihre Zirbeldrüse vor den schädlichen Funkwellen – nehmen Sie nachts alle Elektrogeräte in Ihrem Schlafzimmer vom Netz, indem Sie die Stecker aus der Dose ziehen. Einfaches Ausschalten reicht nicht! Noch wirkungsvoller schützen Sie sich, wenn Sie vom Elektroinstallateur eine Netzfreischaltung anbringen lassen, mit der Sie nachts Ihr gesamtes Schlafgemach stromfrei machen. Benutzen Sie nachts eine Taschenlampe, wenn Sie „mal raus müssen", und einen Wecker mit Batterien. Deren Strahlung ist so gering, dass keine Gesundheitsschäden davon ausgehen. Und verbannen Sie Handys, auch so genannte Haus-Handys (DECT-Handys)! Benutzen Sie nur ein Telefon mit Schnur! So wird Ihr Schlaf wirklich zu einer echten Erholungskur für Ihr Immunsystem. ■

Mineralien und Spurenelemente: Stärken Sie Ihr Immunsystem durch vitalstoffreiche Kost

Achten Sie besonders auf reichlich Eisen, Zink und Kalzium

Das Immunsystem kann nur dann richtig funktionieren, wenn die Enzyme, die an der Tätigkeit der Immunzellen beteiligt sind, ihre volle Aktivität entfalten können. Viele Enzyme benötigen für ihre Aktivität Mineralien und Spurenelemente. Zu den wichtigsten zählen folgende Substanzen:

Eisen ist für die Zellatmung unbedingt erforderlich. Insbesondere die alles fressenden Zellen des Immunsystems (Makrophagen) reagieren empfindlich auf Eisenmangel. Reichlich Eisen ist enthalten in **dunklem Fleisch, Leber, Fisch, Vollkorngetreide und -brot.**

Zink ist für mehr als 100 Enzyme unverzichtbar, die an der Produktion von Antikörpern beteiligt sind. Viel Zink enthalten vor allem **Rind- und Hammelfleisch, Fisch, Meeresfrüchte, Eier, Milch, Hülsenfrüchte sowie Vollkornprodukte.**

Kalzium koordiniert die Aktivität vieler Enzyme. Es ist vor allem **in Milch und Molkereiprodukten, grünem Gemüse, Bohnen, Nüssen, Sojabohnen sowie hartem Wasser** enthalten.

Auch **Magnesium** ist für die Aktivität vieler Enzyme nötig. Es kommt reichlich vor in **Milch, Fisch, Vollkornprodukten, Hülsenfrüchten, Nüssen und hartem Wasser**. ■

Natürliches Vitamin A aus Mohrrüben, Tomaten & Co. schützt Ihre Atemwege

Diese natürlichen Quellen sorgen für gesunde Schleimhäute

Bei vielen Menschen, die an ständig wiederkehrenden Infektionskrankheiten leiden, wurde ein Mangel an Vitamin A (oder dessen natürlicher Vorstufe Beta-Carotin) festgestellt. Mittlerweile ist die Aufgabe dieses Vitamins bei der körpereigenen Abwehr geklärt: Es **sorgt für gesunde Schleimhäute** im Organismus. Das ist beim Kampf gegen Infektionen wichtig, denn die Schleimhäute schützen die Eintrittspforten in den Körper (Mundhöhle, Atemwege u. a.). Nur eine gesunde Schleimhaut kann die zahlreichen Viren, Bakterien, Pilze und andere Mikroorganismen daran hindern, in das Innere des Körpers einzudringen.

Doch Vorsicht: Im Unterschied zu den meisten anderen Vitaminen kann ein Zuviel an synthetisch hergestelltem Vitamin A gefährliche Nebenwirkungen haben! **Verzichten Sie deshalb auf eine Selbstbehandlung mit hoch dosierten Vitamin-A-Präparaten!** Sie sind auf der sicheren Seite, wenn Sie reichlich von der Vitamin-A-Vorstufe Beta-Carotin aus frischen Nahrungsmitteln zu sich nehmen: So ist eine Überdosierung ausgeschlossen.

Faustregel: Essen Sie täglich eine mittelgroße Karotte oder drei bis vier Tomaten – dann haben Sie Ihren Körper ausreichend mit diesem wichtigen abwehrsteigernden Vitamin versorgt. ■

Hagebutte: Ihr wertvollster heimischer Vitamin-C-Spender

Ob Tee oder Marmelade: Sie haben die Wahl

Hagebutten sind echte Kraftnahrung für Ihr Immunsystem. Dazu gehört vor allem Vitamin C, das die Immunzellen bei der Herstellung von Antikörpern verbrauchen. Doch auch Vitamin A sowie Vitamine der Gruppe B und wichtige Mineralstoffe, die zur Aktivierung zahlreicher Enzyme benötigt werden, sind in den Hagebutten enthalten. Sie können die wertvollen Wirkstoffe als Tee zu sich nehmen. Besonders köstlich ist selbst zubereitete Hagebuttenmarmelade – die Mühe lohnt sich!

Hagebuttentee: Setzen Sie 2 gehäufte TL klein geschnittene, getrocknete Hagebutten mit 1/4 l Wasser an. Lassen Sie den Tee 10 Minuten lang kochen. Danach abseihen (bitte kein Metallsieb!). Wenn Sie den Tee mit 1 TL Honig süßen, versorgen Sie Ihr Abwehrsystem gleichzeitig auch mit den immunstimulierenden Wirkstoffen des Honigs.

Hagebuttenmarmelade: Entfernen Sie Stängel und Blütenreste der Hagebutten und waschen Sie die Früchte gründlich. Anschließend halbieren Sie sie mit einem scharfen Messer und entfernen die Kerne. Mit etwas Wasser bedeckt zu einem Brei kochen, den Brei durch ein dichtes Sieb (kein Metallsieb) passieren und wiegen. Zu je 1 kg passiertem Hagebuttenmark 200 g Zucker beifügen und unter ständigem Rühren so lange kochen, bis die Masse dickflüssig wird. Anschließend in abgekochte Gläser füllen und luftdicht verschließen. ■

Holunder: Machen Sie einmal im Jahr eine 14-tägige Kur!

Die heilsamen Blüten und Beeren können Sie selbst sammeln

Die Blüten und Früchte des Holunders sind ein bewährtes Mittel zur Steigerung der körpereigenen Abwehrkräfte. Gönnen Sie sich mindestens **einmal im Jahr eine 14-tägige Holunderkur**! Sie können die Blüten und die reifen Beeren leicht selbst sammeln und zu Hause verarbeiten. Achten Sie darauf, dass der Strauch nicht an einer viel befahrenen Straße steht, damit die wertvollen Inhaltsstoffe nicht durch Abgase belastet sind.

Holunderblütentee: Überbrühen Sie 2 bis 3 TL getrocknete Holunderblüten mit 1 Tasse kochendem Wasser und lassen Sie den Tee 5 Minuten ziehen, bevor Sie ihn abseihen. Trinken Sie 2- bis 3-mal täglich 1 Tasse lauwarmen Holunderblütentee.

Holundermus: Übergießen Sie 1/2 l gewaschene, entstielte Beeren mit 150 ml Wasser und fügen Sie 3 EL Zucker, etwas Zimt und 10 getrocknete Zwetschgen hinzu. Kochen Sie die Beeren – unter ständigem Rühren – bei schwacher Hitze zu Mus. Passieren Sie das Mus anschließend durch ein Sieb. Zur Immunstärkung nehmen Sie 3-mal täglich 1 EL Mus ein.

Holundersaft: Beeren ohne Stiele in einen Topf geben, mit Wasser bedecken und so lange kochen, bis die Haut der Beeren platzt. Dann den Saft durch ein Leintuch abtropfen lassen und die Beeren ausdrücken. 400 g Zucker je Liter Saft beifügen, verrühren und 5 Minuten kochen lassen. Dann in Flaschen füllen. Als immunstärkende Kur täglich 1 bis 2 Tassen Saft über einen Zeitraum von 4 bis 6 Wochen trinken. ■

Meerrettich: Nutzen Sie dieses natürliche Antibiotikum

So stärken Sie Ihr Immunsystem und genießen gleichzeitig

Das Immunsystem stärken und gleichzeitig genießen – auch das geht! Der Meerrettich ist eine beliebte, pikante Beilage zu Fleischgerichten, mit der Sie Ihrem Immunsystem „auf die Sprünge" helfen können. Die Wurzel des Meerrettichs enthält besonders **viel Vitamin C**, das für die Produktion von Abwehrstoffen unverzichtbar ist. Auch die **ätherischen Öle und Senfölglykoside** aus der Meerrettichwurzel regen das Immunsystem wirksam an. Denken Sie deshalb öfter mal daran, Gerichte mit Meerrettich zuzubereiten!

Meerrettich als pikante Beilage: Meerrettichwurzel reinigen, reiben und mit Essig, Zucker, geschlagener Sahne sowie eventuell einem geriebenen Apfel abschmecken. So zubereitet, können Sie den Meerrettich zu Schinken, Wurst, kalten Platten und verschiedenen Fleischgerichten servieren.

Meerrettich-Tropfen: Wenn Ihnen die Meerrettichbeilage nicht zusagt, können Sie den Saft aus der Wurzel des Meerrettichs auch tropfenweise einnehmen. Bereiten Sie den Saft bitte stets frisch zu – einfach eine frisch geriebene Meerrettichwurzel auspressen. In dieser Form sollten Sie jedoch **nicht mehr als etwa 20 g täglich einnehmen**, andernfalls könnte Ihnen Ihr Magen so viel Schärfe übel nehmen. Aus dem gleichen Grund ist eine Meerrettich-Kur für kleine Kinder nicht besonders geeignet.

Durch eine regelmäßige Einnahme von Meerrettich können Sie Ihre körpereigenen Abwehrkräfte nachhaltig stärken. ■

Honig & Gelee Royal sind wahre „Aufbauspritzen"

Diese wertvollen Bienenprodukte machen sogar Bakterien den Garaus

Eine wahre Aufbauspritze für das Immunsystem ist **Honig** – das haben Wissenschaftler inzwischen bewiesen. Schon eine kleine Menge Honig steigert die Produktion der Antikörper in den Immunzellen . Außerdem hat Honig **antibakterielle Wirkung** und unterstützt dadurch die Arbeit der Fresszellen (Makrophagen).

Honig enthält eine ganze Reihe wertvoller Vitamine, Mineralstoffe und Spurenelemente. Daneben sind im Bienenhonig zahlreiche verschiedene Enzyme und hormonähnliche Substanzen enthalten, die auch zur Steigerung des Immunsystems beitragen.

Sie tun Ihrem Immunsystem einen besonderen Gefallen, wenn Sie **täglich 2 TL Honig** einnehmen. Sie können den Honig „pur" genießen – lassen Sie ihn in kleinen Mengen auf der Zunge zergehen. So gelangen die wertvollen Inhaltsstoffe direkt über die Mundschleimhaut in Ihren Blutkreislauf. In warmer Milch aufgelöst hat Honig die gleiche Wirkung.

Auch **Gelee Royal (Weiselsaft)** – das Bienenprodukt, mit dem die Bienenkönigin gefüttert wird – ist für Ihr Immunsystem ein Aufbaumittel erster Klasse. Weiselsaft ist ein wahres Konzentrat an Vitaminen, Mineralstoffen und Spurenelementen. Zusätzlich sind auch hier zahlreiche hochkomplizierte hormonähnliche Verbindungen enthalten, die immunsteigernde Wirkung haben. Am wirksamsten steigern Sie Ihr Immunsystem, wenn Sie eine **dreiwöchige Kur mit Gelee-Royal-Ampullen** aus der Apotheke machen. Beraten Sie sich mit Ihrem Arzt oder Apotheker! ■

Stutenmilch – das „Getränk für ein langes Leben"

Trinken Sie täglich einen Viertelliter

Stutenmilch ist eines der ältesten Naturheilmittel überhaupt. Nicht ohne Grund bezeichneten die asiatischen Nomadenvölker Stutenmilch als „Getränk für ein langes Leben". Heute ist wissenschaftlich belegt, dass Stutenmilch das körpereigene Abwehrsystem stärkt und die Heilung verschiedener Krankheitszustände beschleunigt. Insbesondere bei der Behandlung von Immunschwäche wurde über gute Erfolge mit Stutenmilch berichtet.

Stutenmilch enthält eine ganze Reihe von Vitaminen (vor allem Vitamin A, C und E sowie Vitamine der Gruppe B), Mineralstoffen und Spurenelementen (Kalzium, Magnesium, Phosphor, Kupfer, Mangan, Eisen und Selen). Außerdem sind in der Milch zahlreiche ungesättigte Fettsäuren und essenzielle (lebenswichtige) Eiweißbausteine enthalten.

Wenn Sie Ihr Immunsystem besonders wirksam unterstützen wollen, trinken Sie **kurmäßig drei Monate lang täglich einen Viertelliter** naturbelassene Stutenmilch. Sie erhalten die Milch in Reformhäusern.

Sie können Stutenmilch auch direkt von einer Pferdefarm beziehen (Anschriften finden Sie im Branchenbuch). Folgendes ist wichtig für die Qualität der Milch: Die Stuten müssen artgerecht, möglichst abseits von Industrieanlagen oder Autobahnen gehalten werden. Das Futter darf keine chemischen Zusatzstoffe enthalten. Bis zum Verzehr muss die Milch bei -18 °C gelagert werden. Eine regelmäßige Qualitätskontrolle der Stutenmilch muss garantiert sein. ■

Lachen: die beste Medizin in jedem Alter

Die heilsamen Wirkungen des Humors werden jetzt sogar von der Wissenschaft anerkannt

Fröhliche Menschen leben gesünder als traurige Zeitgenossen. Das ist mittlerweile wissenschaftlich erwiesen. Auch umgekehrt gilt: Menschen, die trotz bestehender Krankheit ihren Optimismus nicht verlieren, haben deutlich bessere Chancen, schneller wieder gesund zu werden.

Biochemiker haben jetzt herausgefunden, dass zwischen dem Nervensystem, den hormonproduzierenden Drüsen und dem Immunsystem ständig verschlüsselte Signale ausgetauscht werden. Diese werden von hormonähnlichen Botenstoffen übermittelt. Jetzt ist verständlich, warum bei hormonellen Schwankungen (etwa in der Pubertät oder in den Wechseljahren) die Nerven „durchgehen" können. Genauso kann sich – umgekehrt – das seelische Befinden auf die Tätigkeit der Drüsen und auf das Immunsystem auswirken. So ist beispielsweise auch erklärlich, warum anhaltender Stress körperliche Krankheiten verursachen kann.

Wenn Sie Ihrem Immunsystem – und Ihrem gesamten Körper – einen Gefallen tun wollen, so halten Sie die Augen offen für die schönen Seiten des Lebens. Hören Sie dem Gesang der Amsel zu! Kaufen Sie sich ein paar Blumen oder machen Sie einen Spaziergang und holen Sie sich einen blühenden Zweig in Ihre Wohnung! Lesen Sie ein schönes Buch, genießen Sie ein duftendes Bad, hören Sie Ihre Lieblingsmusik. Besonders wichtig: Kommunizieren Sie mit Ihren Mitmenschen. Lächeln Sie einfach den Menschen zu, denen Sie begegnen! So werden Sie selbst froh – und vermitteln etwas Freude auch an andere. ■

Heilfasten: So entgiften und entschlacken Sie Ihren Körper

Das A und O ist die tägliche Darmentleerung

Kurzzeitiges Heilfasten ist der ideale **Einstieg zur Umstellung der Ernährungsweise auf Vollwertkost**. Ihr Körper kann dann die Energie, die sonst für das Verarbeiten der Nahrung erforderlich ist, zur **Entgiftung und Entschlackung** verwenden. Auch Ihr Immunsystem profitiert von dem „Großputz". Anschließend kann der Organismus die gesunden Nährstoffe besser aufnehmen und verwerten als zuvor.

So fasten Sie richtig:

Planen Sie **höchstens drei Fastentage** ein. Alles, was darüber hinausgeht, muss unter ärztlicher Aufsicht geschehen! Essen Sie an den Tagen vor dem Fasten viel Obst, eventuell auch ein paar getrocknete Pflaumen. So kann sich Ihr **Darm vor dem Fasten richtig entleeren.**

Nehmen Sie sich für die Fastenzeit keine anstrengende Arbeit vor. Planen Sie stattdessen Schwimmen, einen Saunabesuch, Spaziergänge und viel Ruhezeit ein. Trinken Sie während der Fastenzeit **täglich 3 l Flüssigkeit** (Mineralwasser, Obst- und Fruchtsäfte). Auch eine klare Gemüsebrühe mit Salz und Gewürzen ist erlaubt. Zigaretten und Alkohol dagegen sind während des Fastens tabu!

So gesund Heilfasten auch sein mag – es ist **nicht für jeden geeignet**. Wenn Sie sich nicht völlig gesund fühlen, **beraten Sie sich mit Ihrem Arzt**, bevor Sie eine Fastenkur beginnen. Kinder und Jugendliche, Schwangere, stillende Mütter, Kranke und Geschwächte sowie Menschen, die an Depressionen leiden, dürfen nicht fasten. ■

Schützen Sie sich vor Umweltgiften!

Umweltschadstoffe können die Infektanfälligkeit erhöhen

Umweltmediziner haben festgestellt, dass ein Übermaß an Chemikalien das Immunsystem des Menschen schwer schädigen kann. Die Betroffenen leiden an verschiedenartigen gesundheitlichen Beschwerden, unter anderem auch an erhöhter Infektanfälligkeit. Meiden Sie Chemikalien und Umweltgifte, wo immer es möglich ist.

So können Sie Ihr Immunsystem am wirksamsten schützen:

- Verzichten Sie auf stark duftende Putzmittel und Toilettenartikel.
- Duftkerzen, Frischluftsprays, Insektenschutzmittel, Holzschutzmittel, imprägnierte Teppichböden, „Anti-Schimmel-Anstriche“ an Wänden – all diese Verbindungen gefährden Ihr Immunsystem.
- Benutzen Sie zum Heizen (Kamin, Ofenheizung) nur unbehandeltes Holz.
- Meiden Sie intensiv gefärbte Unterwäsche, T-Shirts etc. – sie sind meist stark mit Chemikalien belastet.
- Verzichten Sie auf eine offene Gasheizung.
- Rauchen Sie nicht; meiden Sie verrauchte Räume.
- Achten Sie an Ihrem Arbeitsplatz darauf, dass Sicherheitsbestimmungen eingehalten werden (Druckereien, Lackierbetriebe etc.).
- Achten Sie beim Kauf von antiken Möbelstücken darauf, ob sie gegen Insektenfraß behandelt wurden.
- Sorgen Sie für eine ausreichende Lüftung der Wohnräume. ■

Gesund und aktiv mit Vitalstoffen

Mit Vitaminen und Mineralstoffen bleiben Sie fit und gesund bis ins hohe Alter

Diese Vitalstoffe halten Ihre Selbstheilungskräfte in Topform

Wir wollen alle alt werden, aber uns nicht alt fühlen. Doch das Altern beginnt schon in der Lebensmitte, die wir als die besten Jahre bezeichnen. Es ist nicht entscheidend, wie alt ein Mensch wird, sondern in welchem Gesundheitszustand er sich befindet. Das gilt für jedes Lebensjahrzehnt. Es ist für Sie nie zu früh und nie zu spät, sich darauf zu besinnen und Ihre Lebensweise darauf einzurichten.

Der mit den Jahren sich meist schleichend vollziehende Abbau im Organismus ist mit körperlichen und geistigen Beeinträchtigungen verbunden, mit Krankheitsbildern, die ihrerseits den Abbau begünstigen. Ein **Teufelskreis**, der aber **nicht unausweichlich** ist. Es gibt ein **erfolgreiches Altern**, sagten schon 1987 die Wissenschaftler John W. Rowe und Robert L. Kahn. Sie grenzen das „successful aging" vom üblichen („usual") Altern ab. Zum üblichen Altern tragen die Faktoren Krankheit, negative Umwelteinflüsse und ungesunder Lebensstil bei. Erfolgreiches Altern ist gekennzeichnet durch den Sieg über diese negativen Einflüsse.

Mangelernährung trotz Überfluss?

20 Tonnen feste Nahrung und über 40 Tonnen Getränke, die im Laufe eines Menschenlebens geschluckt werden, bieten die Chancen zu körperlich-geistigem Wohlbefinden – aber auch Risiken für Krankheit und Verlust an Lebensfreude. Statt die Chancen zu nutzen, essen die meisten Deutschen zu viel, zu fett, zu süß und zu salzig. In der Folge spielt sich bei Ungezählten immer wieder aufs Neue das verhängnisvolle Drama von Speck anessen und wieder herunterhungern ab. Denn diese Art der Ernährung führt zu Übergewicht. Ständiger Heißhunger auf Naschereien kündigt an, dass dem Körper wichtige Nährstoffe fehlen – **Mangelernährung** im Überfluss.

Im Vergleich zur Ernährung unserer Vorfahren essen wir heute mengenmäßig weniger, weil wir uns körperlich bei der Arbeit nicht mehr so verausgaben wie sie. Dafür verzehren wir sehr viel Fett, Eiweiß, Zucker und Salz, gleichzeitig nehmen wir viel weniger komplexe Kohlenhydrate, Faserstoffe, Vitamine und Mineralstoffe auf. Außerdem tragen Umweltbelastungen zu einem insgesamt hohen Bedarf an Vitalstoffen bei. Dadurch kann es leicht zu einer **versteckten**, aber **chronischen Unterversorgung** kommen.

Der zeitgemäße Wunsch nach gesunder und natürlicher Ernährung für jede Altersgruppe ist in einem kurzen Satz zusammenzufassen:

> *Wir benötigen heute eine energetisch knapp bemessene (kalorienarme), aber nährstoffreiche und damit die Bedürfnisse des Organismus befriedigende Kost (siehe Seite 62 und 63).*

Dieses Kapitel will Ihnen dabei helfen, sich im Alltag rundum gesund zu ernähren und zu entscheiden, wann Sie eventuell zusätzliche essenzielle Nährstoffe brauchen. Dazu erläutern wir Ihnen, was Nahrungsergänzungsmittel für Sie in Ihrer persönlichen Situation leisten können.

Ständige Zeitnot trägt zu einem versteckten Nährstoffmangel bei

Bei unserer modernen Lebensweise bleibt kaum Zeit zum genussvollen Essen. Da liegt der Griff zu Fast Food, Schokoriegeln oder der Gang zur Imbissbude nahe. Doch gesunde Alternativen brauchen nicht zeitaufwändig zu sein. Der Mut zu mehr Eigeninitiative beim Zubereiten von Mahlzeiten und Zeit für genussvolles Essen lohnen sich: Sie nehmen mehr lebenswichtige Nährstoffe auf und durchbrechen so den Teufelskreis von schleichendem körperlichem und geistigem Abbau.

Freie Radikale lassen Sie früher altern

Sauerstoff – eigentlich unser Lebenselexier – kann zur Gefahr werden, wenn er gewissermaßen

Vitamin-Unterversorgung in Deutschland

(Anteil der unterversorgten Personen in %)

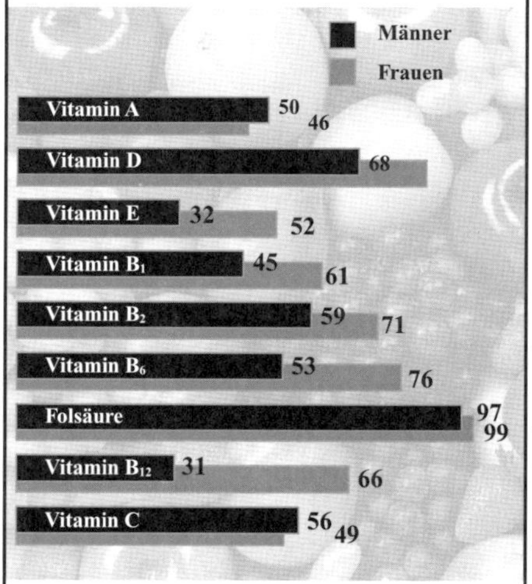

Schon junge Menschen zwischen 19 bis 35 Jahren bleiben bei der Vitaminaufnahme unter den Empfehlungen der Deutschen Gesellschaft für Ernährung. Junge Frauen ernähren sich noch schlechter als Männer. So nehmen 99 % zu wenig Folsäure zu sich.

Grafik: GfK-Ernährungsforschung nach der Nationalen Verzehrsstudie 1991

im normalen Stoffwechselprozess denaturiert wird. Dann wird er zum aggressiven freien Radikal, das **wichtige Körperstrukturen zerstört**. Das Immunsystem bedient sich der freien Radikale, um Erreger unschädlich zu machen. Das ist ihre nützliche Funktion. Die Kehrseite ihrer zellschädigenden Kraft ist, dass sie den Ort ihres Entstehens angreifen: die Mitochondrien, das sind die winzigen Kraftwerke im Zellinneren. Verfällt so ein Kraftwerk durch den Angriff der freien Radikale, verfällt auch die Zelle. Je häufiger das im Leben vorkommt, desto mehr Zellen verfallen – der Mensch altert und/oder erkrankt.

Freie Radikale können alle Zellen des Körpers angreifen:

- Gefäßwände werden instabil und unfähig, sich gegen Ablagerungen zu schützen.
- Herzmuskelzellen büßen an Leistungsfähigkeit ein.
- Gelenk- und Muskelzellen entzünden sich.
- Geschädigte Zellen entarten zu Krebszellen.

Diese Prozesse, die zu den verschiedensten Krankheiten führen können, laufen in allen Lebewesen ab. Daher hat die Natur **Schutzmechanismen** entwickelt, die so genannten **Antioxidantien**. Ihr Körper benötigt zur Unterstützung der körpereigenen antioxidativen Systeme Antioxidantien **aus** der Nahrung, um sich optimal vor freien Radikalen zu schützen. Jedes Jahr erlangen Wissenschaftler detailliertere Erkenntnisse über das Zusammenwirken der natürlichen Inhaltsstoffe pflanzlicher und tierischer Nahrung beim Schutz vor verschiedenen Krankheiten. Sie kommen zu dem Ergebnis: Es ist außerordentlich wichtig, den Bedarf möglichst über die Nahrung zu decken, bevor man zu Nahrungsergänzungsmitteln (Vitamin- und Mineralstoffpräparaten) greift. Denn kein Präparat kann das feine Zusammenspiel der verschiedenen natürlichen Kombinationen erreichen. In Nahrungsmitteln sind wichtige Stoffe enthalten, die zum größten Teil noch gar nicht entschlüsselt sind und deshalb auch nicht für Präparate synthetisiert werden können.

Vitamine und Mineralstoffe bestimmen alle Stoffwechselvorgänge

Da alle Abläufe im Körper miteinander verwoben sind, müssen sämtliche Vitamine und Mineralstoffe in ausreichender Menge vorhanden sein, damit der Stoffwechsel optimal funktionieren kann. Nur dann fühlen wir uns fit und leistungsfähig. Vitamine und Mineralstoffe erfüllen wichtige Aufgaben im Körper des Menschen. Viele von ihnen sind als Bestandteile von Enzymen an der Regulation des Stoffwechsels beteiligt. Sie sorgen mit dafür, dass die komplizierten Prozesse im Körper ordnungsgemäß ablaufen.

Darüber hinaus sind bestimmte Vitamine und Mineralstoffe „Stoffwechselpolizisten“: Entweder wirken sie **selbst als Antioxidantien**, oder sie sind **Bestandteile von Enzymen**, die darauf spezialisiert sind, Zellgifte und freie Radikale, die im Stoffwechsel entstehen oder aus der Umwelt in den Körper gelangen, unschädlich zu machen.

Müdigkeit und Schwäche: die ersten Anzeichen für eine Unterversorgung

Die häufig in der Wissenschaft angeführten Mangelkrankheiten (Skorbut bei Mangel an Vitamin C, die Beri-Beri-Krankheit bei Mangel an Vitamin B_1 = Thiamin oder die Eisenmangelanämie = Blutarmut) sind in hoch entwickelten Industrienationen wie Deutschland extrem selten. **Weit verbreitet** hingegen ist eine **leichte Unterversorgung** an Vitaminen oder Mineralstoffen (siehe auch Abb. Seite 58). Sie äußert sich zunächst in **unspezifischen**, eher **unauffälligen Beschwerden** wie Müdigkeit, Konzentrationsschwäche, rascher Erschöpfbarkeit oder Kopfschmerzen.

Langfristig kann die Unterversorgung zu chronischen Leiden beitragen, insbesondere zu so genannten **Zivilisationsleiden** wie Verdauungsstörungen, Diabetes mellitus, Arteriosklerose, Herz-Kreislauf-Erkrankungen, Adipositas (starkes Übergewicht) und auch rheumatischen Beschwerden.

Essen Sie vollwertige Lebensmittel aus Ihrer Region

Die Verlockung, durch Pillen eine riskante Lebensweise auszugleichen, ist groß und wird durch Werbung kräftig unterstützt. Aber brauchen wir alle solche Präparate, da die Qualität unserer Lebensmittel immer schlechter wird? Die Antwort auf diese Frage lautet Nein. Eine groß angelegte Untersuchung, die die Deutsche Gesellschaft für Ernährung von mehreren wissenschaftlichen Instituten 1999 durchführen ließ, besagt, dass unsere Ackerböden heute dank moderner Produktionsmethoden mindestens so nährstoffreich sind wie früher.

In dieser Hinsicht ist die Qualität unser Lebensmittel nicht schlechter als früher. Wohl aber werden Lebensmittel heute über weite Strecken transportiert, unreif in fernen Ländern geerntet, oft lange Zeit gelagert oder sehr stark industriell verarbeitet. Das alles führt zu **Qualitäts- und Nährstoff-**

verlusten, die es durch überlegte Nahrungsauswahl zu umgehen oder notfalls, bei bestehenden Beschwerden, durch Nahrungsergänzungsmittel auszugleichen gilt (siehe Seite 69 und 75).

In der Tabelle auf den beiden nächsten Seiten finden Sie Beispiele für Lebensmittel, in denen die wichtigsten Vitamine und Mineralstoffe vorkommen und was diese im Körper bewirken. Bedienen Sie sich davon reichlich (5 Portionen am Tag), und Sie werden wenig Bedarf an Nahrungsergänzungsmitteln haben. Wenn Sie zu einer Risiko-Gruppe gehören (siehe Selbsttest Seite 70) oder schon unter einer chronischen Krankheit leiden, sollten Sie über die gezielte Ernährung hinaus mehr des Guten tun (siehe Seite 71). ■

Knackige Vielfalt vom Bauernmarkt

Heutzutage können Sie aus einem großen Angebot an frischem Gemüse aus regionalen Anbaugebieten wählen – nutzen Sie diese vitalstoffreiche Vielfalt!

Diese Mineralstoffe brauchen Sie, um fit und gesund zu bleiben

Mineralstoffe	Funktionen	gute Mineralstoffquellen
Chrom	Insulinproduktion, Senkung des Blutzuckerspiegels	Kakaopulver, Para- und Haselnüsse, Austern, Birnen, Bohnen, Tomaten, Brokkoli
Eisen	Sauerstofftransport im Blut, Muskeltätigkeit, Energiestoffwechsel, Entgiftung	Fleisch, Soja, Hirse, Linsen, Getreidevollkorn, Schwarzwurzeln, Pfifferlinge
Fluor	Stabilität von Knochen und Zähnen	schwarzer Tee, Hering, Makrele, Lachs, Sojabohnen, Vollkorngetreide
Jod	Stoffwechselregulation (Bildung der Schilddrüsenhormone)	Seefisch, Feldsalat, Champignons
Kalium	Reizleitung in Muskeln und Nerven, Wasserhaushalt, Energiestoffwechsel	Kartoffeln, Mangold, Pumpernickel, Forellen, Bananen
Kalzium	Knochenaufbau, Blutgerinnung, Reizleitung in Muskeln und Nerven	Milch und Milchprodukte, Spinat, Grünkohl, Brokkoli, Orangen
Kupfer	Stoffwechselregulation, Schutz vor Stoffwechsel- und Umweltgiften	Scholle, Getreidevollkorn, Hülsenfrüchte, Sonnenblumenkerne
Magnesium	Knochenaufbau, Reizleitung in Muskeln und Nerven, Kohlenhydrat- und Eiweißstoffwechsel	Weizenvollkornbrot, Weizenkleie, Sojabohnen, Bananen, Naturreis, Huhn, Spinat, Nüsse
Mangan	Stoffwechselregulation, Knochenaufbau	Reis, Haferflocken, Preiselbeeren, Heidelbeeren, schwarzer Tee
Natrium	Wasserhaushalt, Reizleitung in Nerven und Muskeln	Natrium ist in den meisten Lebensmitteln (Deutsche nehmen meist zu viel Natrium auf)
Phosphat	Energiegewinnung, Knochenaufbau	Phosphat ist in den meisten Lebensmitteln (Deutsche nehmen meist zu viel Phosphat auf)
Selen	Schutz vor Stoffwechsel- und Umweltgiften	Geflügel- und Schweinefleisch, Scholle, Eigelb, Nüsse
Zink	Kohlenhydrat- und Eiweißstoffwechsel, Insulinspeicherung, Zellaufbau	Fleisch, Linsen, Erbsen, Weizenvollkorn, Haferflocken, Gouda

Diese Vitamine brauchen Sie, um fit und gesund zu bleiben

Vitamine	Funktionen	gute Vitaminquellen
Vitamin A*	Sehvorgang, Aufbau und Erhalt von Körperzellen, Infektabwehr	Butter, Eier, Käse, Vollmilch, grüne Salate, Möhren (gegart oder zerkleinert + Öl), Grünkohl, rote Paprikaschoten, Spinat, Wirsing
B_1 (Thiamin)	Kohlenhydratstoffwechsel, Energiegewinnung	Schweinefleisch, Weizenvollkorn, Erbsen
B_2 (Riboflavin)	Energiegewinnung im Stoffwechsel	Milch, Austernpilze, Huhn, Champignons
B_6 (Pyridoxin)	Stoffwechsel, Blutbildung, Infektabwehr, gegen Nervenschmerzen	Kartoffeln, Wirsing, Paprika, Rosenkohl, Bananen, Putenbrust
B_{12} (Cobalamin)	Blutbildung, Stoffwechsel, Nervenfunktion	Milch, Camembert, Eier, Makrele, Seelachs
Biotin (zur B-Gruppe gehörend)	Bildung von lebenswichtigen Fetten, Blutgerinnung, Stoffwechselregulation, Schutz von Haut und Haaren	Ei, Leber, Sojabohnen, Nüsse, Haferflocken, Weizenkeime, Tomaten, Kartoffeln, Spinat
Folsäure (zur B-Gruppe gehörend)	Zellteilung, Blutbildung, Zellerneuerung, Schutz vor Arteriosklerose	Spinat, Spargel, Tomaten, Gurken, Getreide, Hühnereier, Milch, Camembert
Niacin (zur B-Gruppe gehörend)	Energiegewinnung	Erdnüsse, Fleisch, Seefisch, Makrele, Vollkornweizen, Champignons, Brokkoli
Pantothensäure (zur B-Gruppe gehörend)	Energie, Stoffwechsel von Eiweiß, Kohlenhydraten und Fetten, Entgiftung	Kohl, Mungobohnen, Steinpilze, Hering, Scholle
Vitamin C (Ascorbinsäure)	Schutz vor Stoffwechsel- und Umweltgiften, Infektabwehr, Aufbau von Bindegewebe und Knochen	heimische Beeren wie Johannisbeeren und Sanddorn, Zitrusfrüchte, Kiwi, Paprikaschoten, alle Kohlsorten, vor allem Brokkoli
Vitamin D*	Knochenaufbau, Kalzium- und Phosphorstoffwechsel	Seefisch, Lachs, Makrele, Thunfisch, Champignons
Vitamin E*	Schutz vor Stoffwechsel- und Umweltgiften sowie Herz-Kreislauf-Erkrankungen	Weizenkeime, Pflanzenöle, Sonnenblumenkerne, Margarine
Vitamin K*	Blutgerinnung, Knochenaufbau	alle Kohlsorten, Geflügel, Weizenkeime, Brokkoli

* fettlösliches Vitamin

Essen Sie abwechslungsreich!

Naturbelassene Lebensmittel bieten Ihnen die reichste Auswahl an Vitalstoffen

Die natürliche Quelle für alle Vitalstoffe sind unsere Lebensmittel. Doch es gibt kein Lebensmittel, das alle Vitamine und Mineralstoffe in der genau richtigen Menge enthält. Dafür bietet fast jedes natürliche Lebensmittel eine reiche Auswahl an verschiedenen Vitalstoffen. Deshalb ist es wichtig, dass Sie **nicht immer die gleichen Lebensmittel** verzehren.

Obst, Gemüse, Getreide, Fleisch – die richtige Mischung macht's

Eine Kampagne der Bundeszentrale für gesundheitliche Aufklärung in Zusammenarbeit mit der Deutschen Gesellschaft für Ernährung fordert dazu auf, **fünf Portionen Obst und Gemüse am Tag** zu verzehren. Wissenschaftler des World Cancer Research Fund in London und des American Institute for Cancer Research in Washington D. C. werteten die Ergebnisse zahlreicher großer epidemiologischer Studien aus und bestätigten, dass Obst und Gemüse die Gesundheit positiv beeinflussen, vor allem im Hinblick auf mögliche Krebserkrankungen. Andere Wissenschaftler gehen davon aus, dass diese Schutzwirkungen auch für Herz-Kreislauf-Erkrankungen und Diabetes mellitus Typ 2 (früher Altersdiabetes) gelten.

Ebenso wichtig sind die Inhaltsstoffe von Vollkorngetreide, mageren Milchprodukten, Kartoffeln und Seefisch für Ihre Gesundheit. Auch magere Fleischsorten in Maßen gehören zu einer gesunden und ausgewogenen Ernährung, denn sie liefern das zur Sauerstoffversorgung des Körpers wichtige Eisen, sowie Vitamin B_1 (Thiamin), Vitamin B_{12} (Cobalamin) und das Spurenelement Selen (siehe Tabelle Seite 62).

Dieser Vitamin-Trank stärkt Ihr Immunsystem

Zutaten:

- 1/2 Grapefruit
- 1 Orange
- 2 EL Weizenkeime

Verquirlen Sie die Weizenkeime mit dem ausgepressten Fruchtsaft, lassen Sie die Mischung kurz durchziehen und füllen Sie sie mit Mineralwasser auf. Dieser Trank liefert Ihnen Vitamin C und E, Zink, Kupfer und Mangan. Er ersetzt mindestens eine der geforderten fünf Portionen Obst und Gemüse pro Tag.

So stellen Sie Ihre Ernährung abwechslungsreich zusammen:

- Kombinieren Sie Nudeln mit frischem Gemüse oder mit Fisch.
- Vollkornreis schmeckt mit buntem Gemüse ebenso gut wie mit Geschnetzeltem.
- Die klassische deutsche Beilage, Kartoffeln, passt nicht nur zu einem deftigen Braten, sondern ebenso gut zu Kräuterquark.
- Paprika, Gurken, Erbsen, Mais, kaltes Fleisch oder auch Käse und Vollkornnudeln ergeben einen schmackhaften Nudelsalat, der sich auch als Büro-Mittagessen eignet.
- Viele Salat- und Gemüsesorten lassen sich farbenprächtig kombinieren – beispielsweise Rucola, Radicchio, Eichblattsalat mit Möhren, Paprika und Mais.
- Ergänzen Sie diese Vitalsstoffbomben mit aromatischem Käse, geschnetzeltem, kurz gebratenem Fleisch oder Fisch und Brot.

Werden solche Salatmischungen mit hochwertigen Ölen im Dressing zubereitet – mit Oliven-, Sonnenblumen- oder Rapsöl –, liefern sie alles, was der Körper braucht: Eiweiß, Mineralstoffe und Vitamine, Kohlenhydrate zur Energiegewinnung sowie reichlich Ballaststoffe für eine gute Verdauung.

Fitness-Salat – vitaminreich und knackig

Zutaten für 2 Personen:

- 75 g Feldsalat oder Rucola
- 1 große gelbe Paprikaschote
- 2 Möhren
- 1/2 Gurke
- 6 Blatt Radicchio
- 100 g Hähnchenbrustfilet
- 1 Zwiebel
- 1 Knoblauchzehe
- 1 TL Sonnenblumenöl
- 2 1/2 EL natives Olivenöl
- 1 EL Sherryessig
- Jodsalz, Pfeffer

Salat, Paprikaschote, Möhren und Gurke putzen, waschen und trocken tupfen. Paprika in Streifen schneiden, Möhre raspeln, Gurke in Scheiben hobeln. Fleisch kalt abbrausen, trocken tupfen, in Streifen scheiden und im Sonnenblumenöl anbraten.

Bereiten Sie aus Olivenöl, Essig, Salz und Pfeffer ein Dressing. Geben Sie je 3 Blatt Radicchio auf einen Salatteller, richten Sie die Salatzutaten darauf an und geben Sie dann das Dressing darüber. Das Fleisch können Sie auf oder neben dem Salat anrichten.

Dazu passt Vollkorn- oder Stangenbrot.

Dabei verspricht **Farbenpracht** auch **Wirkstoffvielfalt**. Denn bunte Gemüse- und Salatsorten sind nicht nur ein Augenschmaus. Die so genannten **sekundären Pflanzenstoffe** – zu ihnen zählen neben den Aromastoffen auch die Farbstoffe – haben große Bedeutung für Ihre Gesundheit: So enthalten gelbe, rote und grüne Farbstoffe in buntem Gemüse und Obst Beta-Carotin, das im Körper in Vitamin A umgewandelt werden kann. Beta-Carotin dient selbst als wertvoller Schutz vor aggressiven freien Radikalen. Viele von Ihnen kennen auch den Aromastoff aus Zwiebeln und Knoblauch: das Allicin.

In ihrer natürlichen Kombination mit sekundären Pflanzenstoffen im Lebensmittel sind Vitamine und Mineralstoffe am wirksamsten.

Seien Sie wählerisch – kaufen Sie nur absolut frische Ware!

Neben einer abwechslungsreichen Ernährung ist auch die **Qualität** der Lebensmittel entscheidend. Gönnen Sie sich daher **nur frisches Obst und Gemüse**, weil es vitalstoffreicher ist. **Reif geerntete Lebensmittel** enthalten ebenfalls mehr Vitamine als Obst und Gemüse, die in fernen Ländern unreif geerntet wurden und erst auf der Reise oder in Klimakammern des Handels nachgereift sind. Bevorzugen Sie daher **einheimisches Obst und Gemüse**.

Aber auch bei diesen Angeboten gilt: Achten Sie auf Frische, denn durch Lagerung bei warmen Temperaturen und unter hellem Supermarktlicht verlieren die Lebensmittel schnell an Vitaminen. Können Sie erst abends einkaufen gehen, ist es oft besser, auf **erntefrisch eingefrorenes Gemüse** zurückzugreifen, als das nur noch so genannte Frischgemüse zu kaufen.

Eine preiswerte Möglichkeit sind auch Abonnements von Bio-Gemüse direkt beim Erzeuger, z. B. die Gemüsekiste, die ins Haus geliefert wird.

Dieser Mineralstoff-Trank baut Ihre Kondition auf

Zutaten:

- 1.200 ml Rote-Bete-Saft
- 1/2 bis 1 TL Honig
- Mineralwasser

Verrühren Sie den Rote-Bete-Saft mit dem Honig und geben Sie Mineralwasser hinzu. Mit diesem Fitness-Trank füllen Sie Ihre Speicher mit Kalium, Kalzium, Magnesium, Eisen, Vitamin B_1, B_2, B_6 und C. Weitere Mineralstoffe hängen von der Sorte Ihres Mineralwassers ab. Der Trank ersetzt eine der geforderten fünf Portionen Obst und Gemüse am Tag (nicht deren Ballaststoffe!).

Lagern Sie Lebensmittel kühl, dunkel und luftig

Im Allgemeinen schaden allen Vitaminen und vielen Mineralstoffen die Einflüsse, die bei der Lagerung auftreten oder zur Verarbeitung verwendet werden: **Licht und Oxidation** durch Sauerstoff, Hitze, Säuren, Laugen (vor allem bei der industriellen Verarbeitung). Vorgeschnittene Salate in der Plastikschale sind zwar zeitsparend, aber sie haben mehr Vitamine verloren als der naturbelassene Salatkopf. Zudem können die Mineralstoffe durch das industrielle Waschen bei der Verarbeitung ausgeschwemmt sein. Lichtempfindliche Vitamine wie Vitamin B_2 = Riboflavin, Vitamin E = Tocopherol, die Vitamine A, Beta-Carotin, B_6, B_{12}, C, D, K und Folsäure sind in **durchsichtigen Verpackungen** – klaren Kunststofffolien oder -schalen und Weißglasflaschen – **nicht geschützt**.

Denken Sie beim Einkaufen auch daran und nehmen Sie lieber einen ganzen Salat und ein paar frische Möhren statt einer vorgeschnittenen Salatmischung. Viele Salate lassen sich im Gemüsefach des Kühlschranks in ein Tuch eingeschlagen oder in speziellen undurchsichtigen Kunstoffbehältern ein bis zwei Tage aufheben. Zupfen Sie dann immer nur so viele Blätter vom Salatkopf ab, wie Sie gerade brauchen.

An einem **kühlen, dunklen Ort** lassen sich auch Möhren, in ein feuchtes Tuch geschlagen, Kohlsorten, Kartoffeln, Äpfel, Paprikaschoten und Gurken einige Tage lagern. (Am besten ist immer noch der gute alte Keller in einem Altbau.) Achten Sie darauf, dass die **Luft frei zirkulieren** kann, damit sich keine Staunässe bildet, die das Gemüse schimmeln lässt. Tomaten und Äpfel sollten Sie von anderen Lebensmitteln getrennt

3 wichtige Tipps für Einkauf und Zubereitung

- Achten Sie auf **Frische**. Kaufen Sie nur reifes, aber kein überreifes Obst und Gemüse. Bevorzugen Sie **einheimische Ware** der Saison. Exotische Produkte werden unreif geerntet und haben lange Wege hinter sich. Erdbeeren im Winter sind nicht nur teuer, sondern meist auch wirkstoffarm geworden.
- Außerhalb der Saison sind **Tiefkühlgemüse und -früchte** eine gute Alternative. Sie werden erntefrisch eingefroren und verlieren selbst bei mehrmonatiger Lagerung weniger Vitamine als Obst und Gemüse auf ihrer Reise aus fernen Ländern.
- **Waschen** Sie Lebensmittel generell **unzerkleinert**. Lassen Sie Gemüse nicht im Waschwasser liegen und **garen** Sie nur mit **wenig Wasser**. Verwenden Sie das Kochwasser – außer bei Kartoffeln und Bohnen – für Suppen oder Soßen weiter.

aufbewahren, denn diese Früchte verströmen Reifungshormone wie z. B. Ethylen, die anderes Obst und Gemüse in ihrer Umgebung schnell altern lassen.

Doch nicht nur Obst und Gemüse sollten Sie bewusst auswählen. Pflanzenöle enthalten das lichtempfindliche Vitamin E und Milch das Vitamin B_2, die beide in lichtdurchlässigen Verpackungen schneller zerstört werden als in dunklen Flaschen oder undurchsichtigen Pappbehältern. Auch bei Öl sollten Sie das Haltbarkeitsdatum nicht überschreiten.

Vorsicht: Wasser wäscht die Mineralstoffe aus!

Beim Waschen werden aus Gemüse, Obst, Fisch und Fleisch ein Teil der wasserlöslichen Vitamine (siehe Tabelle Seite 63) und vor allem der Mineralstoffe ausgewaschen. Doch haben Sie es in der Hand, den Verlust an Vitalstoffen zu begrenzen: Schwenken Sie Lebensmittel **unzerkleinert** möglichst in stehendem Wasser. Lassen Sie Obst, Gemüse, Fleisch, Fisch oder Kartoffeln **niemals im Waschwasser liegen**, denn dann ist der Mineralstoffverlust am größten.

So garen Sie richtig

Nehmen Sie zum Garen möglichst **wenig Wasser**. Garen Sie im **geschlossenen Topf** – mit dem Wasserdampf entweichen auch wasserlösliche Vitalstoffe. Halten Sie die **Garzeiten kurz** – 5 bis 15 Minuten für ein schmackhaftes Gemüsegericht oder 15 bis 20 Minuten für einen Eintopf –, die hitzeempfindlichen Vitalstoffe bleiben so erhalten. Für Lebensmittel mit längeren Garzeiten wie Hülsenfrüchte bietet sich der **Schnellkochtopf** an. Benutzen Sie für Gemüse die **Schonstufe**, damit erhalten Sie auch die empfindlichen Vitalstoffe. **Dünsten und Dämpfen** sind schonende Garungsarten, da die Hitze nur kurz einwirkt und wenig Wasser oder Fett die Lebensmittel nicht auslaugt. Bei einigen Lebensmitteln wie Kartoffeln und Bohnen gehen Gift- und Schadstoffe aus den Lebensmitteln ins Kochwasser über. Besonders wenn an Kartoffeln grüne Stellen entfernt wurden, die den wasserlöslichen Giftstoff Solanin enthalten, sollte das Kochwasser immer weggegossen werden.

Essen Sie mit Genuss und Freude!

Neben allen diesen gesunden Regeln darf eines nicht in den Hintergrund treten: Essen im Kreis von Freunden und Familie ist ein Stück Lebensqualität und ein Weg, abzuschalten, sich zu entspannen und Stress abzubauen. Bietet die Mahlzeit zugleich alles, was der Körper braucht, ist ein großer Schritt auf dem Weg zu mehr Gesundheit getan. ■

Wann Vitamin- und Mineralstoffpräparate für Sie sinnvoll sein können

Es gibt Lebensphasen und Situationen, in denen zusätzliche Nährstoffgaben ratsam sind

Einige Nährstoffe werden generell von Ernährungsfachleuten als Nahrungsergänzung gefordert: Jod und Fluor, die in Nahrungsmitteln nicht genügend enthalten sind, da sie in Deutschland im Zuge der Eiszeit aus dem Boden ausgewaschen und ins Meer gespült wurden. Deshalb immer wieder die Empfehlung, jodiertes und fluoridiertes Speisesalz zu verwenden. Jod braucht die Schilddrüse zur Bildung ihrer Hormone, die unseren gesamten Stoffwechsel steuern. Fluor ist für gesunde Zähne und feste Knochen notwendig.

Jodmangel ist kaum noch ein Problem

In puncto Jodmangel ändert sich die Situation seit einigen Jahren: 1. werden Lebensmittel, z. B. Brot, immer häufiger mit **jodiertem Speisesalz** hergestellt, auch ohne dass dies extra deklariert wird. 2. bekommen wir mit der Europäischen Wirtschaftsunion und der „Globalisierung" viele Produkte aus Ländern, deren Böden nicht jodarm sind (z. B. Weizen aus den USA). Und 3. ist durch die Tiefkühlketten das Angebot an Seefisch überall groß. Die Zusätze an Jod sind jedoch minimal.

Die Notwendigkeit der Einnahme von **Jodtabletten** kann für einen bestimmten Personenkreis bestehen, z. B. für Schwangere oder Menschen mit einer Schilddrüsenvergrößerung (Kropf) aufgrund von Jodmangel. **Vor einer Einnahme** von Jodtabletten, auch von jodreichen Algenpräparaten, sollten Sie immer erst **Ihren Arzt befragen**. Denn zu viel Jod ist ungesund. Menschen mit Schilddrüsenüberfunktion (Hyperthyreose) werden dies mit einer Steigerung ihrer Symptome (Schweißausbrüche, hektische Unruhe, Schlafprobleme) am schnellsten bemerken. Ihnen ist selbst von jodiertem Speisesalz abzuraten.

Vorsicht mit Fluor!

In größeren Mengen ist auch Fluor schädlich. Vor einer Einnahme über die normale Verwendung von fluoridiertem Speisesalz hinaus sollten Sie ärztlichen Rat einholen.

Frauen mit **Kinderwunsch** sollten schon vor Beginn einer Schwangerschaft **Folsäure** (400 µg täglich), ergänzen, um einem Neuralrohrdefekt des Ungeborenen vorzubeugen, z. B. einer Spina bifida (angeborene Spaltwirbel mit offen liegendem Rückenmark).

Ältere Menschen benötigen oft zusätzliches **Vitamin D** und **Vitamin B_{12}** (siehe Tabelle Seite 63). Ihr Körper bildet weniger Vitamin D in der Haut, und der Darm nimmt Vitamin B_{12} schlechter aus der Nahrung auf. Wenn Sie den Verdacht hegen, einen Vitamin-D-Mangel zu haben, bitten Sie Ihren Arzt, Ihren Blutspiegel überprüfen zu lassen (siehe Seite 85).

Testen Sie sich selbst: Sind Sie ausreichend mit Vitalstoffen versorgt?

1. Situationen und Lebensweise	ja	nein
Sind Sie älter als 50 Jahre?	❑	❑
Rauchen Sie?	❑	❑
Halten Sie sich oft ungeschützt in der Sonne auf?	❑	❑
Gehen Sie häufig in ein Solarium?	❑	❑
Verzehren Sie weniger als 5 Portionen Gemüse und Obst täglich?	❑	❑
Stehen Sie beruflich oder privat stark unter Stress?	❑	❑
Sind Sie regelmäßig Auto- oder Industrieabgasen ausgesetzt?	❑	❑
Kommen Sie viel mit giftigen Chemikalien in Kontakt?	❑	❑
2. Gesundheitszustand		
Sind Sie häufiger als andere Menschen stark erkältet?	❑	❑
Leiden Sie an rheumatoider Arthritis?	❑	❑
Haben Sie ein Augenleiden (Makula-Degeneration, Grauer Star)?	❑	❑
Mussten Sie sich einer Chemo- oder Strahlentherapie unterziehen?	❑	❑
Haben Sie einen Herzinfarkt oder Schlaganfall erlitten?	❑	❑
Sind Sie Diabetiker?	❑	❑

Auswertung:

Je mehr Punkte auf Sie zutreffen, desto wichtiger ist es für Sie, mehr Vitalstoffe aufzunehmen – durch mehr Obst und Gemüse sowie gegebenenfalls mit Präparaten zur Nahrungsergänzung.

Stress und Krankheit erfordern mehr Vitalstoffe

In bestimmten **Lebensabschnitten** ist der Bedarf an Nährstoffen allgemein erhöht, z. B. im Wachstum, während der **Schwangerschaft** und in der Stillzeit. Schwangere dürfen **Nahrungsergänzungsmittel nur in Absprache mit dem Arzt** einnehmen.

In folgenden Situationen ist der Bedarf an Vitaminen und/oder Mineralstoffen erhöht:

- in Stresszeiten
- bei Jugendlichen
- bei Schwangeren und Stillenden
- bei alten Menschen
- bei Abmagerungsdiäten
- bei Rauchern
- bei langen Sonnenbädern oder häufigen Solariumsbesuchen
- bei reichlichem Alkoholkonsum
- bei chronischen Krankheiten
- bei anhaltenden Durchfällen
- bei Dauergebrauch von Abführ- und Entwässerungsmitteln
- bei längerfristiger Einnahme bestimmter Medikamente (z. B. Antibiotika, Kortison, orale Antikonzeptiva = „Pille“)

Unser modernes Leben verlangt mehr von all jenen Stoffen, die dem Organismus bei der Bekämpfung von Giftstoffen aus der Umwelt und von freien Radikalen helfen. Neben den Vitaminen E und C sowie Beta-Carotin gehören auch die Mineralstoffe Selen, Eisen und Kupfer in diese Gruppe. Eisen und Kupfer entgiften, Selen ist Bestandteil des Antioxidans und entgiftenden Enzymsystems mit dem Namen Glutathionperoxidase.

Alter und Krankheit begünstigen Nährstoffmängel

Ältere Menschen nehmen oft weniger Vitamine und Mineralstoffe zu sich, als sie brauchen. Dahinter stehen Zahnprobleme, Appetitmangel oder auch Kraftlosigkeit. Da außerdem der Körper mit zunehmendem Alter die Nahrung schlechter verwerten kann, gelangen weniger lebenswichtige Nährstoffe aus der Nahrung über den Darm ins Blut. Ältere und alte Menschen können also zu einer der Risikogruppen gehören, für die es sinnvoll ist, mit Multivitamin- und Mineralstoffpräparaten einen Mangel zu beheben (siehe auch Selbsttest auf Seite 70).

Diese chronische Krankheiten erhöhen den Bedarf an Vitalstoffen:

- Erkrankungen des Magen-Darm-Traktes
- Funktionseinbußen von Leber, Nieren, Bauchspeicheldrüse

Diese Erkrankungen können bewirken, dass weniger Vitamine und Mineralstoffe vom Körper aufgenommen oder dass sie vermehrt ausgeschieden werden. Ist z. B. die Fettverdauung durch Galle und Bauchspeicheldrüse gestört, werden die fettlöslichen Vitamine A, E, D und K aus der Nahrung nicht voll verwertet.

Bei anderen Leiden wie z. B. Herz-Kreislauf-Erkrankungen, Diabetes mellitus oder auch Rheuma kann eine Zugabe bestimmter Vitalstoffe ein **Fortschreiten der Erkrankung hinauszögern** oder bremsen (siehe Seite 75).

Empfohlene Vitamin-Dosen

	DGE-Richtlinien zur täglichen Versorgung	Orthomolekulare Medizin zur Therapie
Vitamin A	1,0/0,8 mg (3.300 I.E.)	7,5 mg (25.000 I.E.)
Vitamin B_1	1,1/1,0 mg	300 mg
Vitamin B_2	1,3/1,2 mg	1.000 mg
Vitamin B_6	1,5/1,2 mg	200 mg
Vitamin B_{12}	3,0 µg	1.000 µg
Biotin	0,03 bis 0,06 mg	140 mg
Vitamin C	100 mg	5.000 mg (5 g)
Vitamin D	5,0 µg (200 I.E.)	25 bis 30 µg (1.000 I.E.)
Vitamin E	13/12 mg (ca. 19/18 I. E.)	800 mg (ca. 1.200 I.E.)
Folsäure	0,4 mg	400 mg
Vitamin K	80/65 µg	4.000 µg
Niacin	15/13 mg	1.000 mg
Pantothensäure	6 mg	10.000 mg

* für Männer, 51 bis 65 Jahre / für Frauen gleichen Alters, falls der Wert abweicht

Quelle: DGE 2000 nach Dietl/Ohlenschläger

Achten Sie bei Präparaten auf die Wirkstoffkonzentration

Lassen Sie sich von Ihrem Arzt, Heilpraktiker oder Apotheker bei der Auswahl eines geeigneten Präparats beraten. Mit Hilfe einer **Spezial-Blutanalyse** lässt sich einem versteckten Mangel eines bestimmten Nährstoffs auf die Spur kommen (siehe Adressen Seite 85). Die Kosten für die Untersuchungen werden nur in Ausnahmefällen von den gesetzlichen Krankenkassen erstattet. Sie können je nach Anzahl der Einzeluntersuchungen zwischen 18 und 180 € betragen.

Für den **alltäglichen Bedarf** wird sich meist ein Kombinationspräparat von Vitaminen und Mineralstoffen am besten eignen. Kosten für eine Tagesdosis: 0,36 bis 0,41 €.

Wichtig ist, dass die Präparate ausreichende Konzentrationen an Wirkstoffen enthalten. Richtwerte geben die Empfehlungen der **Deutschen Gesellschaft für Ernährung (DGE)** (siehe Tabellen auf Seite 72 und unten).

Empfohlene Mineralstoff-Dosen

	DGE-Richtlinien zur täglichen Versorgung	Orthomolekulare Medizin zur Therapie
Chrom	30 bis 100 µg	200 bis 600 µg
Eisen	10,0 mg	8 bis 30 mg
Fluor (wenn Trinkwasser nicht fluoridiert)	3,8 mg	1 bis 4 mg
Jod	200 µg	150 bis 300 µg
Kalium	2.000 mg	2.000 bis 4.000 mg
Kalzium	1.000 mg	100 bis 600 mg
Kupfer	1 bis 1,5 mg	1 bis 4 mg
Magnesium	350 mg	100 bis 200 mg
Mangan	2 bis 5 mg	2 bis 5 mg
Natrium	550 mg	2.000 bis 3.000 mg
Phosphat	700 mg	1.000 mg
Selen	30 bis 70 µg	50 bis 200 µg
Zink	10 mg	10 bis 20 mg

Quelle: DGE 2000 nach Dietl/Ohlenschläger/Werbach

Diese Werte sind so berechnet, dass die meisten (95 %) gesunden Menschen ihren Bedarf an Vitaminen und Mineralstoffen decken können. Mangelerkrankungen werden vermieden.

Doch zwischen Vermeidung von erkennbaren Mangelerkrankungen und optimaler Bedarfsdeckung, auch zur Behebung von Gesundheitsstörungen, besteht ein großer Unterschied. Die so genannte orthomolekulare Medizin geht mit ihrem Ziel, bestehende Krankheiten mit hoch dosierten Mikronährstoffen zu therapieren, weit über die Richtlinien der DGE hinaus. Die Mengenabstimmung der einzelnen orthomolekularen Substanzen gehört aber in ärztliche Hand, sonst kann das subtile Gleichgewicht des Stoffwechselsystems empfindlich gestört werden.

Sind Ihnen wegen anderer Erkrankungen Medikamente verordnet, weisen Sie unbedingt Ihren Arzt auf Ihre Einnahme von Nahrungsergänzungsmitteln hin. Zusätzliche Vitalstoffe können nämlich die **Wirkung Ihrer Medikamente steigern oder beeinträchtigen**. Das hat natürlich Konsequenzen für die ärztliche Medikation (siehe Seite78).

Beachten Sie den Unterschied zwischen Nahrungsergänzung und Arzneimittel

Viele Vitamin- und Mineralstoffpräparate sind **rezeptfrei** in Apotheken, Reformhäusern, Drogerien und Supermärkten erhältlich. Sie können sie auch per Post bestellen (Bezugsquellen siehe Seite 85). Wie grenzen sich Nahrungsergänzungsmittel von Arzneimitteln ab? Rechtlich sind die Regeln vage. Die Tagesdosis von Vitaminpräparaten zur Nahrungsergänzung darf **in Deutschland das Dreifache** der von der DGE angegebenen Referenzwerte **nicht übersteigen**. Präparate mit den **Vitaminen A und D** unterliegen strengeren Bestimmungen, denn eine Anreicherung dieser fettlöslichen Vitamine im Fettgewebe kann zu Nebenwirkungen führen. **Mineralstoffpräparate** müssen die DGE-Referenzwerte für **eine Tagesdosis** einhalten. Enthält ein Präparat mehr von der entsprechenden Substanz, handelt es sich um ein Arzneimittel, das wie alle Arzneimittel einer Zulassung bedarf.

Da Nahrungsergänzungsmittel in den EU-Staaten unterschiedlichen gesetzlichen Regelungen unterliegen, werden sie **häufig vom Ausland** aus vertrieben. Viele orthomolekulare Präparate – eigentlich Arzneimittel – sind so **hoch dosiert**, dass sie in Deutschland nicht in der Apotheke vorrätig gehalten werden dürfen. Oft sind die Apotheken jedoch bereit, die Präparate im Ausland zu bestellen, oder Sie können sie selbst per Internet beziehen. In Ihrem eigenen Interesse sollten Sie sich aber vor einer Bestellung mit Ihrem Arzt absprechen. ■

Wie Sie sich mit Vitalstoffen vor Zivilisationsleiden schützen

Von Arteriosklerose bis Rheuma – eine vollwertige Ernährung sowie Nahrungsergänzungsstoffe senken Ihr Risiko und lindern die Beschwerden

Zu den häufigsten chronischen Krankheiten, die vor allem in der zweiten Lebenshälfte auftreten, wie Bluthochdruck, Arteriosklerose bzw. Herz-Kreislauf-Erkrankungen, Diabetes mellitus Typ 2 (früher Altersdiabetes) und Osteoporose, tragen zum großen Teil auch Faktoren der Ernährung bei. Für viele so genannte **Alterskrankheiten** hat sich herausgestellt, dass sie mit einem **Mangel an bestimmten Vitaminen oder Mineralstoffen** einhergehen. Das ist ein Ansatzpunkt, um bei einem Risiko für eine bestimmte Krankheit **rechtzeitig** mit einer Ernährungsumstellung **gegenzusteuern** oder mit Gabe von Vitaminen und Mineralstoffen eine **ärztliche Therapie wirkungsvoll zu unterstützen**. Sprechen Sie mit Ihrem Arzt darüber, auch über mögliche Wechselwirkungen.

Folsäure und B-Vitamine bewahren Sie vor Herz-Kreislauf-Erkrankungen

Neuere Forschungsergebnisse haben gezeigt, dass **Arteriosklerose** (Verengungen durch Ablagerungen in Arterien) nicht nur mit erhöhten LDL-Cholesterinwerten im Blut einhergeht. Auch ein erhöhter Blutspiegel der Substanz **Homocystein** wird beobachtet. Homocystein ist eine Eiweißverbindung, die im Stoffwechsel als Zwischenprodukt entsteht und mit Hilfe von Enzymen und **Folsäure** wieder abgebaut wird. Wird zu wenig Folsäure mit der Nahrung aufgenommen, was bei jungen Frauen, Jugendlichen und älteren Menschen oft der Fall ist, steigt der Homocysteinspiegel im Blut an. Folsäuremangel kann auch als Nebenwirkung bestimmter Medikamente, z. B. der Pille, entstehen. Damit wächst das Risiko für **Herz-Kreislauf-Erkrankungen**. Im erhöhten Homocysteinspiegel sehen Forscher eine von mehreren Erklärungen dafür, warum Menschen eine Arteriosklerose aufweisen bzw. einen Herzinfarkt oder einen Schlaganfall erleiden, auch wenn ihr Cholesterinspiegel nicht über der Norm liegt.

Eine Vorbeugung und sogar eine Therapie der Arteriosklerose kann durch eine ausreichende Versorgung mit Folsäure und durch Präparate unterstützt werden. Folsäure wirkt aber nur richtig, wenn auch ausreichend **Vitamin B_6** (Pyridoxin) und **Vitamin B_{12}** (Cobalamin) aufgenommen werden. Bisher ist nicht endgültig geklärt, ab welcher Menge Homocystein gefäßschädigend ist. Als Grundregel gilt: je weniger Homocystein, desto gesünder. Als Grenzwert gelten zur Zeit 10 µmol/l Blut.

Homocysteinwerte **unter 15 µmol/l** können Sie durch Ihre Ernährung senken.

Diese Nahrungsmittel* senken den Homocystein-Spiegel:

- **gute Vitamin B_6-Quellen:** Sojabohnen (1 mg*), Walnüsse (870 µg), Sesamkörner (790 µg), Weizenkleie (730 µg), Sonnenblumenkerne (605 µg), Hirse (520 µg)
- **gute Vitamin-B_{12}-Quellen** Bückling und Miesmuscheln (12 µg), Hering und Makrele (8 µg), Mozzarella, Romadur und andere Weichkäse (je 2 µg)
- **gute Folsäure-Quellen:** Weizenkeime (520 µg), Sojamehl (190 µg), Grünkohl (185 µg), grüne Erbsen (160 µg), Spinat und Feldsalat (145 µg)

* Gehalt pro 100 g, 1.000 µg (Mikrogramm) = 1 mg (Milligramm)

Liegen Ihre Werte **über 15 µmol**, benötigen Sie übergangsweise eine hoch dosierte Vitamintherapie, die Ihnen nur Ihr Arzt verordnen kann.

Antioxidantien verhüten Ablagerungen in den Gefäßen

Die Antioxidantien **Vitamin C, Vitamin E, Beta-Carotin und Selen** verhindern, dass bestimmte Blutfette (Lipoproteine), z. B. LDL-Cholesterin, durch freie Radikale so verändert werden, dass sie sich an den Gefäßwänden anlagern und auf Dauer den Blutfluss behindern.

Verschließt sich das Gefäß ganz, kommt es zum Infarkt. Geschieht dies in den Herzkranzgefäßen, bedeutet es einen **Herzinfarkt**; verschließt sich ein

Zu viel Homocystein im Blut? Diese Vitamine brauchen Sie jetzt!

Homocysteinwert	< 15 µmol/l	> 15 µmol/l
Folsäure	0,4 bis 1 mg/Tag	1 bis 5 mg/Tag
Vitamin B_{12} (Cobalamin)	3 bis 30 µg/Tag *	30 bis 500 µg/Tag
Vitamin B_6 (Pyridoxin)	5 bis 20 mg/Tag	20 bis 100 mg/Tag

* 1 mg = 1.000 µg

Gefäß im Gehirn, führt dies zu einem ischämischen **Schlaganfall** (Ischämie = Blutleere), auch Hirninfarkt genannt. Ein Mangel an Selen und anderen Antioxidantien kann diese Gefahr eines Gefäßverschlusses durch einen Thrombus oder einen Embolus (verschleppter Thrombus) fördern, aber auch unabhängig davon den **Herzmuskel schwächen**.

Vitamin C und Magnesium helfen Ihnen bei Bluthochdruck

Sind Sie wegen Bluthochdrucks in ärztlicher Behandlung, können Sie unter Umständen die Menge der einzunehmenden **Medikamente reduzieren**, wenn Sie langfristig – über eine Umstellung auf fettarme und ballaststoffreiche Kost hinaus – Vitamin C (500 mg pro Tag) einnehmen. Dies zeigte eine Studie der Universität Boston/USA, die in der britischen Fachzeitschrift *Lancet* veröffentlicht wurde. Dem Mineralstoff **Magnesium** (100 bis 200 mg pro Tag) wird eine **gefäßerweiternde Wirkung** zugeschrieben. Er entspannt die Muskeln, welche die Blutgefäße umgeben, und lässt dadurch den Druck in ihnen absinken. Besprechen Sie diese Maßnahme mit dem Arzt, damit er eventuell Ihre blutdrucksenkende Medikation entsprechend ein- bzw. umstellen kann.

Mit Antioxidantien beugen Sie einer Altersdemenz vor

Die so genannte **vaskulärbedingte Demenz** ist eine häufige Form der im Alter auftretenden Demenzen. Mikrofeine Verstopfungen der Blutgefäße

Wann Sie mit Nahrungsergänzungsmitteln vorsichtig umgehen sollten

Nährstoff	Nicht einnehmen bei
Kalzium	Kalzium-Oxalat-Nierensteinen; nachteilige Wirkung von Kalzium auf Arteriosklerose ist nicht bewiesen
Vitamin K	Therapie mit gerinnungshemmenden Medikamenten; Thrombosegefahr
Vitamin B_6 (Pyridoxin)	Parkinson-Erkrankung, da Wechselwirkungen mit dem Parkinson-Mittel L-Dopa
alle Vitamin- und Mineralstoffpräparate	Nieren- und Leberfunktionsstörungen
Jod	Schilddrüsenüberfunktion

im Gehirn führen nicht zum Infarkt, sondern bewirken ein allmähliches Schwinden der geistigen Leistungsfähigkeit. Solchen Verstopfungen („Verkalkungen") können Sie ebenso wie den Ablagerungen in den großen Arterien mit Antioxidantien begegnen.

Werden die **Vitamine C und E langjährig und regelmäßig** in ausreichender Menge aufgenommen, scheint dies das Risiko einer Altersdemenz bzw. ihr Fortschreiten erheblich zu mindern.

In einer hawaiianischen Studie wiesen 3.000 Männer zwischen 71 und 93 nach zehn Jahren, in denen sie reichlich Vitamin C und E aufgenommen hatten, um 88 % Demenzanzeichen auf als die Gesamtbevölkerung. Selbst wenn diese Zahlen wegen der unterschiedlichen Lebensbedingungen bei uns sicher nicht voll zu übertragen sind, signalisieren sie doch die immense Bedeutung von Antioxidantien für unser Gehirn.

Schutz auch gegen Alzheimer?

Die hawaiianische Demenz-Studie, die im Frühjahr 2000 in der internationalen Fachzeitschrift *Neurology* veröffentlicht wurde, ergab zwar keinen

Diese Medikamente können die Aufnahme von Vitalstoffen beeinträchtigen

Medikament	Einsatzgebiet	Beeinträchtigung
Acetylsalicylsäure	Schmerzbehandlung, Blutverdünnung	Vitamin C
Antazida (Hemmer der Magenesäureproduktion)	Magenübersäuerung	Eisen, Zink, Vitamin B_{12}
CSE-Hemmer (Cholesterin-Synthese-Enzym-Hemmer)	Cholesterinsenkung	Coenzym Q_{10}
Diuretika (Entwässerungsmittel)	Entwässerung, Bluthochdruck, Herzerkrankungen	Magnesium, Kalium, Zink
Kortikoide	Entzündungshemmung, gegen Allergien	Kalzium, Vitamin C, Vitamin B_6
Laxantien (Abführmittel)	Darmträgheit	alle Nährstoffe
Metformin (orales Antidiabetikum)	Diabetes mellitus	Vitamin B_{12}, Folsäure
Orlistat (Fettaufnahme-Hemmer)	Adipositas	fettlösliche Vitamine (A, D, E, K), Kalzium, Magnesium
Paracetamol	Schmerzbehandlung	B-Vitamine
Zytostatika (Zellwachstumshemmer)	Chemotherapie	Antioxidantien, B-Vitamine

ähnlichen Zusammenhang zwischen der Gabe der Vitamine C und E sowie einer Verminderung der anderen großen Altersdemenz, der Alzheimer-Krankheit. Doch mehren sich die Hinweise in verschiedenen Studien, dass Antioxidantien auch gegen Alzheimer einen gewissen Schutz bieten könnten. Dazu zählen **Vitamin C und E** sowie die Vitamine der B-Gruppe **(B_1, B_6, B_{12})** zusammen mit **Folsäure** und die Antioxidantien **Beta-Carotin** und **Selen**.

Auch Rheuma und Entzündungen sprechen gut auf Vitamine an

Rheumatische Beschwerden, die mit Entzündungen einhergehen – **Muskelrheuma, Arthritis** (Gelenkrheuma) –, sowie andere chronische, immer wieder aufflackernde Entzündungen sind Ausdruck eines Teufelskreises: Im Zuge der Entzündungen werden vermehrt **freie Radikale** freigesetzt, mit welchen das Immunsystem die Ursachen der Entzündungen zu bekämpfen versucht. Doch fachen ihrerseits die freigesetzten freien Radikale die Entzündungsreaktionen immer wieder an und treiben sie voran. Damit schädigen sie auch andere Zellen im Körper, vor allem aber in der Umgebung der **Entzündungsherde**. Aus diesen Vorgängen erklärt sich die oft verblüffende Wirkung von Antioxidantien z. B. bei rheumatischen Schüben.

Versuchen Sie bei Rheuma folgende Kombination:

(wegen der besseren Verwertbarkeit aufgeteilt in zwei Tagesportionen zu den Mahlzeiten)

- Vitamin E: 400 bis 600 I. E. (= ca. 300 bis 450 mg)
- Vitamin C: 100 bis 250 mg
- Beta-Carotin: 2 bis 4 mg
- Magnesium: 150 mg

Sollten Ihre Beschwerden darauf nicht ansprechen, könnten Ihnen Antioxidantien in orthomolekularer Dosierung (siehe Tabellen auf Seite 72 und 73) unter ärztlicher Aufsicht helfen.

Vitamin C und E sowie Magnesium stärken Ihr Herz

Schon länger ist bekannt, dass Menschen, die sich ausgewogen ernähren und viel Obst und Gemüse verzehren, seltener Herzprobleme bekommen. Daraus leitet sich für Herzpatienten als Unterstützung der medikamentösen

Behandlung die zusätzliche Gabe von Vitaminen – vorwiegend Antioxidantien – ab. Neben **Vitamin C** (500 mg) und **Vitamin E** (mindestens 400 mg) ist Herzpatienten **Magnesium** (150 bis max. 300 mg) pro Tag zu empfehlen. Magnesium entspannt als Gegenspieler von Kalzium die Muskeln, auch **verkrampfte Herzmuskeln**. Es ist ein natürlicher Kalzium-Antagonist, welcher oft bei **Angina pectoris** oder **koronarer Herzkrankheit** verordnet wird. Sollten Sie bereits einen **Kalzium-Antagonisten** einnehmen, müssen Sie vor der Einnahme eines Magnesiumpräparats **Ihren Arzt befragen**. Sonst können sich Magnesium und Medikament in ihrer Wirkung gegenseitig zu sehr verstärken. Aber auch bei jedem anderen Herzpräparat könnten sich **Wechselwirkungen** ergeben.

Auch Grauer Star lässt sich hinauszögern

Ein typisches altersbedingtes Augenleiden ist der Graue Star (Katarakt), die Eintrübung der Augenlinse. Ab dem 60. Lebensjahr läuft jeder Gefahr, davon betroffen zu sein. Bis zum 75. Lebensjahr bekommt dadurch jeder Fünfte ernsthafte Sehprobleme, danach ist es schon jeder dritte Senior. Der Graue Star lässt sich hinauszögern oder gar verhüten, wenn Sie rechtzeitig (am besten ab 50) genügend **Vitamin C und E** aufnehmen. Diese Vitamine schützen als Antioxidantien vor den UV-Strahlen des Sonnenlichts.

Sehr häufig beklagen sich Menschen, dass sie mit zunehmendem Alter nachts beim Autofahren nicht mehr gut genug sehen. Diese so genannte **Nachtblindheit** hat nichts mit einem Grauen Star zu tun. Es wird empfohlen, die nächtliche Sehkraft **versuchsweise** mit dem **Augenvitamin A** (1 mg = 3.300 Internationale Einheiten, I. E. pro Tag) zu unterstützen. Es handelt sich dabei um reine Erfahrungswerte, Studien mit Senioren liegen noch nicht vor. Keinesfalls sollten Sie mehr einnehmen, da der Tagesbedarf durch die Ernährung gedeckt wird und zu viel Vitamin A schädlich sein kann.

Eine Überdosierung an Vitamin A zeigt sich am häufigsten durch:

- Appetitverlust
- Kopf- oder Muskelschmerzen
- Haarausfall
- Schlafstörungen
- Abschälen der Haut
- Nasenbluten

Mit Selen können Sie sich vor Krebs schützen

Da Antioxidantien auch die **Erbinformation der Zellen** vor Angriffen durch reaktionsfreudige Sauerstoffradikale schützen, gehen Forscher heute davon aus, dass diesen Substanzen große Bedeutung bei der gesundheitsfördernden Wirkung von Obst und Gemüse zukommt, vor allem dann, wenn es um den Schutz vor Krebserkrankungen geht. Demnach gilt die Schutzwirkung vor Krebs im Mund und Rachenraum, Speiseröhren-, Magen- und Dickdarmkrebs als recht sicher. Bei Kehlkopf-, Bauchspeicheldrüsen-, Brust- und Blasenkrebs wird eine Schutzfunktion als wahrscheinlich angesehen.

Wichtig als Krebsschutz sind **alle Antioxidantien** von Beta-Carotin über die Vitamine A, C und E sowie Selen, eines der wichtigsten Spurenelemente. Der tägliche Normalbedarf von Selen liegt je nach Körpergewicht bei 60 bis 150 Mikrogramm (= μg). Mit der Nahrung werden ca. 50 μg aufgenommen. Das ist wichtig, denn mehr als 200 μg Selen täglich sollte ein Mensch mit Durchschnittsgewicht nicht ohne ärztliche Verordnung auf Dauer zu sich nehmen.

Gegen Osteoporose brauchen Sie Kalzium, Vitamin D und K sowie Mangan

Ein Mangel an Kalzium in jungen Jahren begünstigt das Entstehen von Osteoporose im Alter. Aber es ist nie zu spät, dem Knochenabbau durch reichliche Zufuhr von Kalzium entgegenzuwirken. Wenn Sie **kalziumreiche Milchprodukte** nicht vertragen, sollten Sie viel **Vollkorngetreide** zu sich nehmen und eventuell ein **Kalziumpräparat** einnehmen. Günstig sind Verbindungen wie Kalziumgluconat oder Kaliumcitrat.

Damit Kalzium in ausreichender Menge vom Körper verwertet werden kann, ist Vitamin D notwendig. Die **Haut** kann unter Sonneneinstrahlung selbst **Vitamin D** herstellen, allerdings schwindet im Alter diese Fähigkeit allmählich. Deshalb sollten Senioren beiderlei Geschlechts (denn zunehmend zeigen sich osteoporotische Veränderungen auch bei Männern) mit dem Arzt absprechen, ob eine Nahrungsergänzung mit Vitamin D und in welcher Dosierung für sie sinnvoll ist. Vitamin D gehört ja zu jenen fettlöslichen Vitaminen, die überdosiert schädlich sein können.

Neuere Untersuchungen haben ergeben, dass auch **Vitamin K** für den Knochenaufbau gebraucht wird. Deshalb gehören zu einer Osteoporose-Kost alle Kohlsorten. Die Einnahme eines Vitamin-K-Präparats ist nur sinnvoll, wenn eine Magen-Darm-Erkrankung vorliegt, und gehört unter ärztliche Kontrolle.

Der Mineralstoff **Mangan** stärkt Knochen und Bindegewebe. Mangan ist ein lebenswichtiges Spurenelement, das vor allem in Getreide und Hülsenfrüchten enthalten ist. Ein bis zwei Tassen Schwarztee enthalten den normalen Tagesbedarf von 2 bis 5 mg Mangan. Bei bestehender Osteoporose kann als Nahrungsergänzung ein Präparat mit mindestens 2,5 mg Mangan angezeigt sein.

Diabetes mellitus – wichtig sind Selen, Mangan, Zink und Chrom

Diabetiker vom Typ 2 brauchen Vitalstoffe über den normalen Tagesbedarf hinaus. Für sie ist es wichtig, **drohende Spätfolgen** wie Gefäßverschluss, diabetische Neuropathie (Nervenschädigung), Schäden der Netzhaut oder der Nieren zu verhüten. Da ihre Blutgefäße und Nervenzellen einem stärkeren Angriff aggressiver Sauerstoffmoleküle ausgesetzt sind, brauchen sie zusätzlich die antioxidativen **Vitamine C und E** sowie **Beta-Carotin**. Außerdem sind **Selen, Mangan, Zink und Chrom** für sie sehr wichtig.

Bekommt z. B. Ihr Körper ausreichend Chrom, können Sie unter Umständen Insulin einsparen, weil Ihre Körperzellen besser auf dieses Hormon reagieren. Orthomolekularmediziner geben 200 bis 1.000 µg (Mikrogramm). Allerdings sollten Sie sich vor einer Einnahme unbedingt mit einem Orthomolekularmediziner beraten (siehe auch Adressen Seite 85).

Wertvolle Vitalstoffquellen

Eine abwechslungsreiche Kost aus vollwertigem Getreide, Hülsenfrüchten sowie Gemüse und Obst bietet Ihnen die beste Garantie für eine optimale natürliche Vitalstoffversorgung.

Nutzen Sie Coenzym Q_{10} als Radikalfänger und Energielieferanten

Menschen ab 40 brauchen eine Extraportion, weil ihre Eigenproduktion sinkt

Wenn man Vitamine als Stoffe definiert, die der Körper zum Leben braucht, aber nicht selbst bilden kann, dann ist Coenzym Q_{10} für junge Menschen kein Vitamin, denn ihr Körper verfügt über die Fähigkeit zu dessen Eigenproduktion. Ältere Menschen hingegen sind darauf angewiesen, sich Coenzym Q_{10} mit der Nahrung und eventuell als Nahrungsergänzung zuzuführen. Für sie gewinnt es Vitamincharakter, weil ihre Eigenproduktion nachlässt.

Coenzym Q kommt in allen lebenden Organismen vor

Früher wurde das Coenzym Q als Ubichinon (von ubiquitär = überall vorkommend) bezeichnet. Von den bisher bekannten zehn Formen von Coenzym Q (Q_1 bis Q_{10}) wurde im menschlichen Zellgewebe nur Q_{10} gefunden. In seiner Struktur dem Vitamin E ähnlich, ist es an unzähligen Enzymreaktionen beteiligt. Daher sein heutiger Name: Coenzym Q_{10}. Seine vielfältigen Funktionen machen es zu einem unentbehrlichen Multitalent unter den vitaminähnlichen Vitalstoffen.

Coenzym-Q_{10}-reiche Lebensmittel

(Angaben in mg pro 100 g Frischware)

Sojaöl	9,2
Rapsöl	7,3
Sardinen	6,4
Makrelen	4,3
Rindfleisch	3,1
Erdnüsse	2,7
Sojabohnen	1,9
Brokkoli	0,9
Weizenkeime	0,3

Das sind die Aufgaben von Coenzym Q_{10}:

- Es reguliert die Zellatmung.
- Es fördert die innere Energiegewinnung der Zelle.
- Es schützt die Zelle vor freien Radikalen.
- Im Stoffwechselprozess gewinnt es verbrauchtes Vitamin E zurück.
- Es unterstützt die Entgiftungsfunktion der Leber.

Mit zunehmendem Alter wächst der Bedarf

Der menschliche Körper ist von Natur aus imstande, aus den verschiedenen Formen von Coenzym Q in der tierischen und pflanzlichen Nahrung die für ihn notwendige Form Q_{10} selbst herzustellen. Doch **ab dem 40. Lebensjahr** ist der Körper immer stärker darauf angewiesen, die fertige Form Q_{10} aus der Nahrung zu erhalten. 1989 wurde bekannt, wie die Änderungen des Q_{10}-Spiegels in einzelnen Organen vom Alter abhängen (siehe Grafik rechts).

Coenzym-Q_{10}-Verlust im Alter

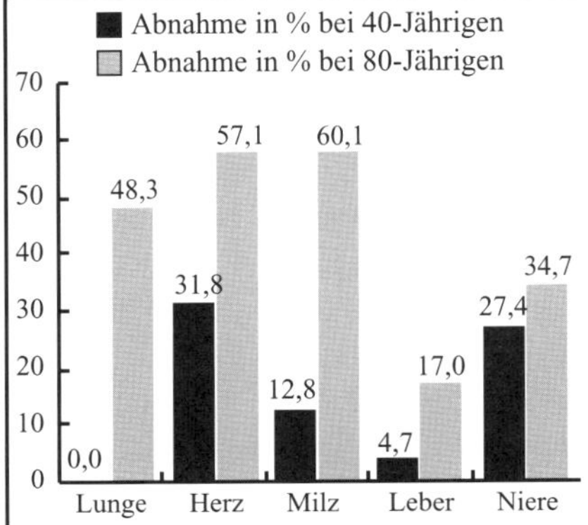

Die Grafik zeigt die Abnahme von Coenzym Q_{10} in den verschiedenen Organen bei 40-Jährigen und 80-Jährigen im Vergleich zu 20-Jährigen.

nach Blitznakov 1992

Ob diese Veränderungen von einem Nachlassen der Eigenproduktion oder einem vermehrten Verbrauch herrühren, ist noch nicht geklärt. Auch die Forschung zur Wirkung zusätzlicher Gaben von Coenzym Q_{10} erstreckt sich bisher überwiegend auf Anwendungsbeobachtungen und Erfahrungen mit älteren Patienten. ■

Das sollten Sie bei Coenzym-Q_{10}-Präparaten beachten

- Ab dem 40. Lebensjahr sind zunächst 15 mg, in späteren Lebensjahren, abhängig von Ihrem Befinden, 30 mg täglich zu empfehlen.
- Nehmen Sie ein Präparat mindestens drei Monate lang ein, damit sich Ihre Coenzym-Q_{10}-Speicher auffüllen können.
- Kaufen Sie Coenzym Q_{10} nur in lichtgeschützten Verpackungen.
- Weil Coenzym Q_{10} mit Vitaminen und Mineralstoffen zusammen wirkt, empfiehlt sich ein Multivitaminpräparat zusätzlich bzw. ein Kombinationspräparat, das auch Coenzym Q_{10} in der für Sie geeigneten Dosierung enthält.
- Zur Unterstützung bestehender Erkrankungen empfiehlt die orthomolekulare Medizin mindestens 100 mg täglich (nach Absprache mit dem Arzt!).

Rat & Info zum Thema Vitalstoffe

Allgemeine Informationen:

Die Gesellschaft für Ernährungsmedizin und Diätetik e. V.
Mariahilfstr. 9
52062 Bad Aachen
Tel.: 0241/9 61 03-0
Fax: 0241/9 61 03-22
www.ernaehrungsmed.de

Deutsche Gesellschaft für Ernährung e. V. (DGE)
Godesberger Allee 18
53175 Bonn
Tel.: 0228/37 76-6 00
Fax: 0228/37 76-8 00
www. dge.de

Deutsche Gesellschaft für Orthomolekulare Medizin e. V.
Nordcarree 9
40477 Düsseldorf
Tel.: 0211/4 74 61 16
Fax: 0211/1 64 59 56
www.dgom.de

Bezugsquellen von Nahrungsergänzungsmitteln*:

hypo-A GmbH
Kücknitzer Hauptstr. 53
23569 Lübeck
Tel.: 0451/307 21 21
Fax: 0451/30 41 79
www.hypo-A.de

Orthica
Postbus 10295
NL-1301 AG Almere
Tel.: 0031/3 65 46 09 71
Fax: 0031/3 65 46 09 02
www.orthica.com

Synomed GmbH
Flamweg 132 – 134
25335 Elmshorn
Tel.: 04121/12 20
Fax: 04121/17 29
www. synomed.de

*kein Anspruch auf Vollständigkeit

Laboradressen:

In diesen Labors kann Ihr Arzt den Mineral- und Vitamingehalt Ihres Blutes bestimmen lassen.

Ganzimmun
Labor für Funktionelle Medizin AG
Hans-Böckler-Str. 109
55128 Mainz
Tel.: 06131/72 05-0
Fax: 06131/72 05-100
www.Ganzimmun.de

RD-Laboratorien GmbH
Biologisches Labor
Prof. Geiger
Postfach 1164
86907 Dießen
Tel.: 08807/9 11 51
Fax: 08807/9 11 53

Geistig
fit bleiben

Mit Denksport, vitaminreicher Hirnnahrung und viel Bewegung werden auch Sie zum Superhirn

Gehirnzellen altern nur, wenn sie nicht benutzt und nicht richtig ernährt werden!

Ein zuverlässiges Gedächtnis, eine rasche Auffassungsgabe, offen sein für Neues – diese Charakteristika eines wachen Geistes sind nicht notwendigerweise der Jugend vorbehalten. Unzählige Beispiele zeigen, dass die geistige Leistungsfähigkeit im Alter nicht nachlassen muss. So übertreffen viele Spätwerke berühmter Schriftsteller ihre Arbeiten aus jüngeren Jahren bei weitem: Goethe war über 80 Jahre, als er den zweiten Teil des „Faust" beendete. Viele Politiker treten in einem Alter, in dem der Rest der Bevölkerung in Rente geht, ihren ersten Ministerposten an. Und etliche Schauspieler stehen noch weit jenseits der 70 auf der Bühne und begeistern ihr Publikum.

Das versteht die Medizin unter geistiger Fitness:

- gute Konzentrationsfähigkeit
- rasche Auffassungsgabe
- gutes Gedächtnis
- humorvolle und selbstbewusste Lebenseinstellung
- aktive und kreative Lebensgestaltung
- gutes Selbstwertgefühl und Kritikfähigkeit
- Freude an sozialen Kontakten und an Verantwortung
- Interesse an neuen Erfahrungen

Wissenschaftler gehen heute davon aus, dass es **keinen naturgegebenen Alterungsprozess der Gehirnzellen** gibt. Wenn Sie sich „gehirngerecht" ernähren, geistig rege bleiben und sich körperlich täglich ausreichend bewegen, kann Ihr Gehirn seine volle Funktionsfähigkeit bis ins hohe Alter behalten.

Ungenutzte Gehirnzellen werden müde

Die wichtigste Voraussetzung für einen wachen Geist bis ins hohe Alter ist allerdings die ständige Übung. Auch hier gilt: Wer rastet, der rostet. Solche Menschen kennen Sie bestimmt auch: Mittdreißiger, die um jede geistige Herausforderung einen großen Bogen machen und sich „zu alt" fühlen, eine neue Fremdsprache zu lernen oder mit dem neuen Computerprogramm klarzukommen. Es sind dieselben, die sich bereits mit 50 – und das dann zu Recht – als wirklich alt betrachten.

Ob Sie geistig jung bleiben, ist jedoch keine Frage des Alters, sondern liegt, wenn Sie ansonsten weitgehend gesund und beweglich sind, einzig und allein an Ihnen. Wenn Sie Ihr Gehirn regelmäßig trainieren, können Sie Ihr Leben lang geistig 30 oder 40 bleiben. Wie „jung" Ihr Gehirn derzeit ist, können Sie anhand des Tests auf Seite 92 überprüfen. Doch keine Sorge: Es ist nie zu spät, um mit Gehirntraining anzufangen. Durch gezieltes Gehirnjogging lässt sich sogar vieles aufholen. Sie und Ihre Angehörigen werden staunen!

Auch diese Faktoren fördern Ihre geistige Fitness:

- tägliche Bewegung, z. B. Spazierengehen oder Gymnastik
- abwechslungsreiche, vitalstoffreiche Frischkost mit viel Gemüse und Obst
- soziale Kontakte, z. B. regelmäßige Spielrunden, Ehrenämter oder Sportverein
- Hobbys, z. B. Lesen und aktives Musizieren
- neue geistige Herausforderungen, z. B. Sprachkurse
- Reisen, Tagesausflüge

Das Allerwichtigste ist die Abwechslung! Im Kasten auf Seite 90 unten finden Sie 5 einfache Tipps, wie Sie das tägliche Einerlei durchbrechen und Ihrem Gehirn quasi nebenbei neue Herausforderungen bieten können.

Gehen hält Ihren Geist fit

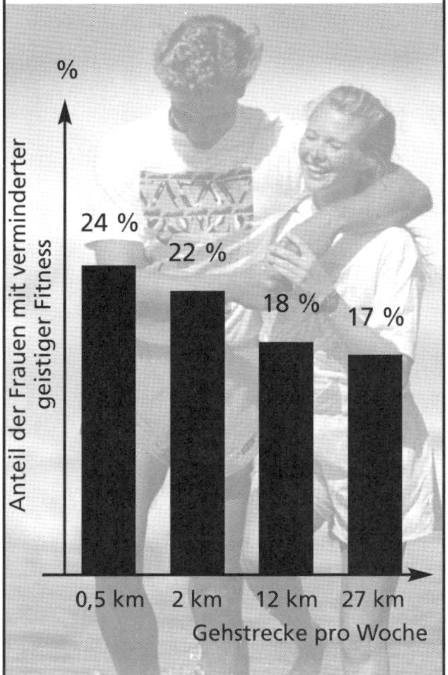

Eine achtjährige Studie an 6.500 Frauen ergab: Wer pro Woche regelmäßig 12 km oder mehr zu Fuß geht, bleibt auch geistig viel beweglicher.

Quelle: Universität San Francisco, 2001

Das schadet Ihrem Geist:

- Eintönigkeit im Alltag
- Stress, Sorgen und Ängste
- Schlafmangel
- Bewegungsmangel
- zu geringe Trinkmengen
- Alkohol
- Medikamente, z. B. Beta-Blocker, Schlaf- und Beruhigungsmittel, Antidepressiva

Gezielte Anreize können Sie Ihrem Geist mit Gehirnjogging verschaffen. Zu diesem Thema gibt es zahlreiche Bücher (siehe Seite 102) und viele Kurse, in denen Sie mit Gleichgesinnten „gehirnjoggen" können. Aber auch das Lösen von Kreuzworträtseln ist ein hervorragendes und preiswertes Gehirntraining.

Wenn Sie Ihrem Gedächtnis etwas auf die Sprünge helfen wollen, finden Sie auf Seite 99 verschiedene bewährte Merktechniken. Außerdem haben wir für Sie einige verzwicktere Knobelaufgaben über das gesamte Kapitel verstreut, die zu knacken Ihnen sicher nicht nur Mühe, sondern auch Spaß bereiten wird. Aber machen Sie sich keinen Stress, wenn es nicht bei allen Aufgaben klappt! Nicht jeder ist z. B. ein Rechengenie. Die Lösungen finden Sie auf Seite 114.

? Knobelaufgabe 1

Schreiben Sie die folgenden Zahlenreihen fort:

(a) 3 6 12 24
(b) 2 7 12 17 22
(c) 2 5 4 10 6 15 8

(Lösungen Seite 114)

Pflegen Sie Ihre Freundschaften

Auch die Pflege Ihrer sozialen Kontakte hilft Ihnen, bis ins hohe Alter geistig fit zu bleiben. Denn wer sich regelmäßig mit seinen Familienangehörigen, Freunden und Bekannten trifft, erhöht nicht nur seine Lebensqualität, sondern erhält damit auch automatisch die notwendigen neuen Anregungen, um sein Gehirn jung zu halten. Das belegten Wissenschaftler der Universität San Diego/US-Bundesstaat Kalifornien mit einer Studie an 1.200 Männern und Frauen im Alter zwischen 70 und 79 Jahren.

Wer sich ausschließlich mit seinem Ehepartner unterhalte, bleibe dagegen geistig nicht so fit. Die Wissenschaftler führen das darauf zurück, dass Ehepartner sich durch Rücksichtnahme und Fürsorge gegenseitig eher daran hindern, eingefahrene Gleise zu verlassen und sich neuen Herausforderungen zu stellen.

Brainfood: die richtige Nahrung für Ihr Gehirn

Zahlreiche Studien belegen einen direkten Zusammenhang zwischen der Ernährung und der Aktivität des Gehirns. Daraus hat sich sogar ein völlig neues Forschungsgebiet entwickelt, die „Nutritional Neuroscience" (nahrungsbezogene Hirnforschung). So weiß man heute, dass unser Gehirn z. B. auf die regelmäßige Zufuhr aller Aminosäuren angewiesen ist. Denn aus diesen werden Botenstoffe (Neurotransmitter) gebildet, die den Kontakt zwischen den Nervenzellen ermöglichen. Da die gehirngerechte Ernährung so eminent wichtig ist, haben wir ihr einen ausführlichen Abschnitt ab Seite 104 gewidmet, in dem Sie viele praktische Tipps für die Auswahl der richtigen Nahrungsmittel finden werden.

In diesem Kapitel werden Sie also viele praktische Anregungen kennen lernen, um geistig und körperlich aktiv zu bleiben. Aber überfordern

Gehirntraining pur: Schluss mit der Alltagsroutine!

Mit diesen 5 einfachen Tipps schlagen Sie der täglichen Routine ein Schnippchen und trainieren Ihr Gehirn praktisch nebenbei:

1. Gehen Sie so viel wie möglich zu Fuß. Verzichten Sie auf Fahrstuhl oder Rolltreppe. Und parken Sie als Autofahrer etwas weiter entfernt von Ihrem Ziel. Denn Bewegung verbessert die Hirndurchblutung!
2. Sitzen Sie möglichst aufrecht und verändern Sie öfter Ihre Sitzposition, um die Sauerstoffversorgung Ihres Gehirns zu verbessern.
3. Lesen Sie Telefonnummern nicht mehr ab, sondern prägen Sie sich die Zahlen ein und wählen Sie sie dann aus dem Kopf – ein kleiner Trick mit großer Wirkung für Ihr Gedächtnis.
4. Ordnen Sie Ihre persönlichen Papiere, Fotos etc. völlig neu und frischen Sie dabei Ihre Erinnerungen auf.
5. Gehen Sie öfter auf neuen Wegen, z. B. zur Bank, zum Supermarkt oder bei Ihrem täglichen Spaziergang, um neue Eindrücke zu gewinnen.

Sie sich nicht – alles was Sie tun, sollte Ihnen Spaß machen! Aktivitäten, die in Stress ausarten, fördern Ihre geistige Aktivität nicht, sondern bewirken sogar das Gegenteil.

Das bewiesen Wissenschaftler des geriatrischen Instituts der McGill-Universität in Montreal/Kanada in einer fünfjährigen Studie an 51 gesunden Menschen um die 70, die im Jahr 1999 in der Fachzeitschrift für Gehirnforschung *Review Neuroscience* veröffentlicht wurde. Die Versuchspersonen, die unter hohem Stress standen – gemessen anhand der Kortisolwerte im Blut –, hatten nicht nur mehr Mühe bei der Lösung der Testaufgaben. Bei ihnen war auch das Volumen des Hippocampus, der Hirnregion des Langzeitgedächtnisses, um 14 % verringert.

In diesem Sinne: Lassen Sie Ihr Gehirntraining ruhig angehen! Mäßig, aber regelmäßig – diese bekannte Maxime trifft hier genau ins Schwarze. ■

? Knobelaufgabe 2

Legen Sie 6 Streichhölzer so, dass 4 gleichseitige Dreiecke entstehen.

Knobelaufgabe 3

Zeichnen Sie 8 Punkte in das Spielbrett. Dabei dürfen keine 2 Punkte auf derselben Linie (waagerecht, senkrecht oder diagonal) liegen.

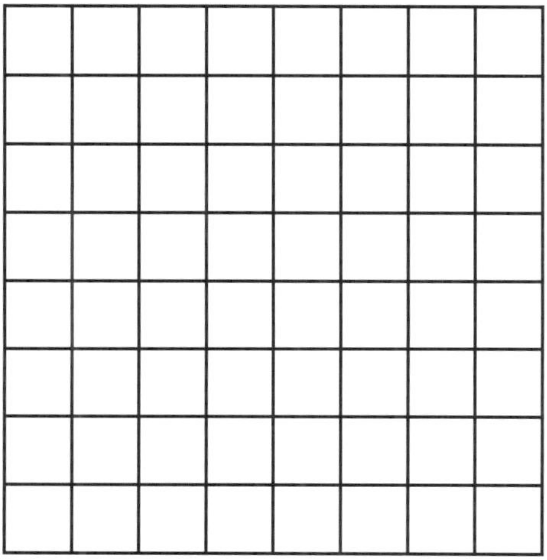

(Lösungen Seite 114)

Testen Sie sich selbst

Wie fit ist Ihr Gehirn?

Mit diesem Test können Sie herausfinden, wie es um Ihre Konzentrationsfähigkeit (A-Fragen) und Ihr Gedächtnis (B-Fragen) steht. Wählen Sie für den Test einen Moment, in dem Sie sich ausgeglichen und ausgeruht fühlen, z. B. nach dem Frühstück.

Und so wird's gemacht:

Beantworten Sie die folgenden zehn Fragen und versuchen Sie sich die jeweils zutreffende Punktzahl zu merken, bevor Sie sie notieren. Rechnen Sie die Punkte der A- und B-Fragen getrennt zusammen! Bitte beachten Sie: Aktuelle Stressbelastungen, Schlafmangel und akute Erkrankungen können das Ergebnis ins Negative verfälschen.

Auswertung:

Die A-Fragen testen Ihre Konzentrationsfähigkeit

0 bis 5 Punkte: Sie haben eine gute Konzentrationsfähigkeit.

6 bis 10 Punkte: Ihre Konzentration ist nicht immer in Top-Form. Mit Konzentrationsübungen können Sie Ihre Aufmerksamkeit verbessern.

11 bis 15 Punkte: Ihre Konzentrationsfähigkeit lässt zu wünschen übrig. Falls Sie zurzeit ziemlich unter Stress stehen, können Ihnen Konzentrations- und Entspannungsübungen helfen. Hält dieser Zustand an, sollten Sie sicherheitshalber Ihren Arzt um Rat fragen.

Die B-Fragen testen Ihr Gedächtnis

0 bis 5 Punkte: Sie haben ein ausgezeichnetes Gedächtnis.

6 bis 10 Punkte: Ihr Gedächtnis ist im Großen und Ganzen gut. Regelmäßige Gedächtnisübungen können Ihnen helfen, Ihre Merkfähigkeit noch zu steigern.

11 bis 15 Punkte: Ihr Gedächtnis lässt Sie öfters im Stich. Höchste Zeit, mit einen Gehirntraining zu beginnen (z. B. mit Gehirnjogging). Im Zweifelsfall sollten Sie einen Arzt aufsuchen, um mögliche organische Ursachen (z. B. Durchblutungsstörungen) abklären zu lassen.

So bewerten Sie Ihre Antworten mit Punkten:

0 = nie 1 = manchmal 2 = öfter 3 = sehr oft

1A Passiert es Ihnen, dass Sie unterwegs Ihren Schirm oder Ihren Geldbeutel liegen lassen? .... ______ Punkte

1B Kommt es vor, dass Sie Termine (Friseur, Arzt etc.) vergessen? .... ______ Punkte

2A Schauen Sie manchmal aus Versehen zweimal nach, ob Sie den Herd ausgeschaltet oder die Haustür abgeschlossen haben? .... ______ Punkte

2B Vergessen Sie die Geburtstage von Freunden und Verwandten? .... ______ Punkte

3A Passiert es Ihnen, dass Sie beispielsweise im Keller nicht mehr wissen, was Sie eigentlich holen wollten? .... ______ Punkte

3B Haben Sie Schwierigkeiten, sich an Einzelheiten eines Buchs/Films zu erinnern? .... ______ Punkte

4A Wissen Sie manchmal nicht mehr, wo Sie Ihre Brille oder Ihren Schlüssel hingelegt haben? .... ______ Punkte

4B Vergessen Sie Telefonnummern? .... ______ Punkte

5A Müssen Sie beim Weggehen noch einmal umkehren, weil Sie etwas vergessen haben? .... ______ Punkte

5B Können Sie sich nicht mehr an die Einzelheiten eines Gesprächs erinnern? .... ______ Punkte

Warum Ihr Gehirn leistungsfähiger ist als der modernste Computer

Neue Studien beweisen: Bis ins hohe Alter können neue Nervenverbindungen wachsen, die Ihr Gedächtnis verbessern

Auch der modernste Computer sieht gegen unser Gehirn immer noch „alt“ aus. Um auch nur annähernd mit unseren grauen Zellen mitzuhalten, müsste er die Grundfäche eines Fußballfelds haben. In unserem Kopf arbeiten etwa 100 Millionen Nervenzellen – und das unvorstellbar schnell: Wissenschaftler haben gemessen, dass das Gehirn eingehende Informationen innerhalb von 30 Millisekunden erfasst und von einer Nervenzelle an etwa 10.000 andere weitergibt. Und bis die Informationen verarbeitet und in unser Bewusstsein gelangt sind, dauert es noch nicht einmal 3 Sekunden!

Die Gehirnzellen sind vielfältig miteinander vernetzt

Bei der Geburt wiegt das Gehirn eines Babys etwa 500 g. Das Gehirn eines Erwachsenen bringt etwa 1.500 g auf die Waage. Diese Gewichtszunahme kommt dadurch zustande, dass im Laufe des Lebens eine Vielzahl von Verästelungen zwischen den Nervenzellen gebildet werden. Erst dieses Netzwerk ermöglicht es uns, Rechenaufgaben zu lösen, eine Landkarte zu studieren oder ein Gedicht auswendig zu lernen.

> **?** **Knobelaufgabe 4**
>
> *Ein Schwimmbecken fasst 600 Kubikmeter Wasser. Es ist 20 m lang und 3 m tief. Wie breit ist es?*
>
> *(Lösung Seite 114)*

Die Intelligenz eines Menschen hängt v. a. vom Grad dieser Vernetzung ab. Neue Eindrücke in Form von Gedankenaustausch mit anderen Menschen, Lesen, Musizieren oder Musikhören lassen neue Nervenverbindungen entstehen – auch im hohen Alter!

Das Kurzzeitgedächtnis ist nur ein Zwischenspeicher

Abhängig von der Wichtigkeit der Informationen wählt unser Gehirn zwischen drei verschiedenen „Speichern“, die in einer festen Rangfolge stehen.

Das menschliche Gehirn verfügt über drei Gedächtnisarten:

- Ultra-Kurzzeitgedächtnis
- Kurzzeitgedächtnis
- Langzeitgedächtnis

Die kürzeste Speicherzeit hat – wie der Name schon sagt – das Ultra-Kurzzeitgedächtnis: Hier landen die meisten Informationen, bevor sie in Bruchteilen von Sekunden als unwichtig wieder aussortiert werden. So behalten wir z. B. von den Radio- oder Fernsehnachrichten nur einen kleinen Teil.

Etwas länger, nämlich Minuten bis wenige Stunden, bleiben Informationen im Kurzzeitgedächtnis. Wer z. B. erst am Tag vor einer wichtigen Prüfung mit dem Lernen beginnt, macht meist die Erfahrung, dass dies gründlich schief geht. Denn das Kurzzeitgedächtnis wird alle paar Stunden geleert, um Platz für neue Informationen zu schaffen.

Nur das Langzeitgedächtnis speichert die Informationen dauerhaft oder sogar lebenslänglich. Meist ist das nur durch wiederholtes Üben zu erreichen. So haben Lernforscher herausgefunden, dass es ca. vier Wochen dauert, bis z. B. Vokabeln einer Fremdsprache wirklich fest im Langzeitgedächtnis verankert sind.

Emotional tief berührende Ereignisse graben sich dagegen meist sehr schnell ins Langzeitgedächtnis ein. Das liegt einfach daran, dass der Nervenreiz extrem stark war, etwa bei großer Freude oder auch bei einem Schock.

Jede Nervenzelle besitzt einen Zellkörper, aus dem fein verästelte Fortsätze (Dendriten) entspringen, die von anderen Nervenzellen Informationen in Form von elektrischen Impulsen empfangen. Der Zellkörper sortiert und bündelt diese Informationen, um sie über eine Sendefaser (Axon) an eine andere Nervenzelle weiterzugeben.

So gelangen die Informationen ins Gedächtnis

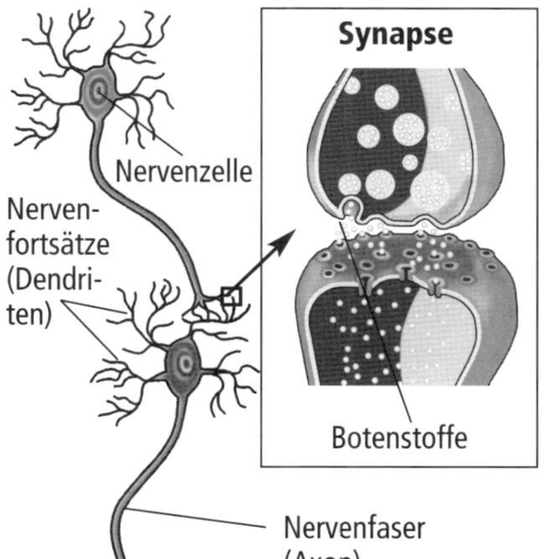

An der Synapse (siehe Ausschnitt) lösen die ankommenden elektrischen Nervenimpulse die Ausschüttung von Botenstoffen aus, die die Information zur nächsten Nervenfaser „transportieren".

Je reger der Geist, desto stabiler die Nervenverbindungen

Diese Informationsübertragung findet mit Hilfe der Nervenbotenstoffe (z. B. Acetylcholin, Serotonin) an den Übertragungsstellen (Synapsen) zwischen den Nerven statt. Wenn wir uns etwas einprägen, werden bestimmte Synapsen immer wieder aktiviert. Das führt mit der Zeit zur Ausbildung neuer Dendriten und Synapsen. Zudem werden die Schaltstellen zwischen den viel benutzten Nervenzellen dauerhaft verstärkt – die Informationen, z. B. die bereits erwähnten Vokabeln, sind damit ins Langzeitgedächtnis aufgenommen worden und im Prinzip jederzeit wieder abrufbar.

Allerdings brauchen wir mit zunehmendem Alter häufiger kleine Hilfen, um aus der Fülle unserer Erinnerungen die richtigen zu aktivieren. Ab Seite 99 stellen wir Ihnen dazu verschiedene bewährte Techniken vor. ■

? Knobelaufgabe 5

Drehen Sie die Schaufel nach oben (um 180 Grad), indem Sie nur 2 Hölzchen umlegen.

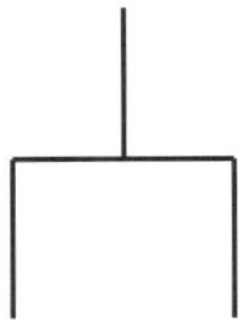

(Lösung Seite 114)

Spielend das Gedächtnis trainieren

Mit Gesellschaftsspielen von Karten über Backgammon bis zum Schach können Sie Ihr Gedächtnis und Ihre Konzentrationsfähigkeitenhervorragend trainieren – und haben dabei noch jede Menge Spaß!

Wie Sie die Frühzeichen eines Gehirnabbaus rechtzeitig erkennen

Infektionen, Vergiftungen und Depressionen können ebenfalls demenzartige Beschwerden auslösen

Ein Nachlassen des Gedächtnisses bedeutet keineswegs immer den Beginn einer Alzheimer-Erkrankung. Auch seelischer Stress, z. B. ein Umzug, die Pflege eines Angehörigen oder ein Trauerfall, kann unsere Konzentration so beeinträchtigen, dass wir uns nicht mehr erinnern, wo wir gerade den Schlüssel oder die Brille hingelegt haben.

Das sind die Hauptsymptome einer Demenzerkrankung:

- Nachlassen des Kurzzeitgedächtnisses
- Konzentrations- und Denkstörungen
- Wortfindungs- und andere Sprachstörungen
- Orientierungslosigkeit
- Halluzinationen

Diese Symptome werden bei der **Alzheimer-Krankheit**, die ca. 60 % aller Demenzerkrankungen ausmacht, durch Eiweißablagerungen (Amyloid-Plaques) und eine Zerstörung der Stützfasern in den Gehirnzellen verursacht. Der Patient kann dadurch weder Informationen über bislang gewohnte Tätigkeiten aus seinem Gedächtnis abrufen noch neue Nachrichten speichern. Dieser Abbau verläuft schleichend über viele Jahre bis Jahrzehnte. Bei frühzeitiger Diagnose kann der Gehirnabbau jedoch durch natürliche Mittel wie z. B. Ginkgo-Extrakte zur Durchblutungsförderung in Kombination mit schulmedizinischen Medikamenten wirksam verzögert werden. Dazu gehören v. a. die Cholinesterase-Hemmer, die den Abbau des wichtigen Nervenbotenstoffs Acetylcholin verhindern.

Die zweitwichtigste Demenzform ist mit einem Anteil von 20 % die **vaskuläre Demenz** infolge einer Arteriosklerose. Die Gehirnzellen werden hier nicht mehr ausreichend mit Nährstoffen bzw. Sauerstoff versorgt und sterben ab. Die Medizin spricht dann von einer Cerebralsklerose.

Bei allen Demenzformen gilt: Je früher die Diagnose gestellt wird, desto besser lässt sich das Fortschreiten des Hirnabbaus aufhalten bzw. verzögern. Deshalb sollten die Patienten beim ersten Auftreten möglicher

Frühwarnsignale einen Facharzt für Neurologie aufsuchen. Nur er kann mit einer Reihe von umfangreichen Untersuchungen die Diagnose „degenerativer Gehirnabbau“ stellen und dabei auch einfache Formen der Vergesslichkeit aufgrund von Stress oder anderen Erkrankungen ausschließen.

Andere Ursachen für demenzartige Beschwerden sind:

- Hirntumore
- Hirnhautentzündung
- Schilddrüsenunterfunktion
- starke Austrocknung des Körpers
- schwerer Alkoholmissbrauch
- Medikamente (z. B. Schlaf- und Beruhigungsmittel)
- Diabetes
- Kopfverletzungen

Da diese Verwirrtheitszustände oft eine lebensbedrohliche Erkrankung anzeigen, benötigen die Patienten schnellstmöglich ärztliche Hilfe.

Depressionen bleiben bei Senioren oft unentdeckt

Eine weitere Ursache einer geistigen Leistungsschwäche kann eine Depression sein, v. a. wenn die Beschwerden mit **Antriebslosigkeit, Schlafstörungen und Appetitlosigkeit** einhergehen (siehe Tabelle unten). Die endgültige Diagnose kann ebenfalls nur der Neurologe stellen. ■

So unterscheiden Sie eine beginnende Demenz von einer Depression

Demenz	Depression
Die Stimmung schwankt zwischen Niedergeschlagenheit und Euphorie.	Niedergeschlagenheit und Apathie herrschen vor.
Der Patient ist in seiner vertrauten Umgebung oft orientierungslos.	Der Kranke kommt in seiner Umgebung problemlos zurecht.
Der Patient ist unfähig, alltägliche Fragen zu beantworten oder die Zeitung zu lesen.	Der Patient könnte, will aber nicht antworten. Zeitunglesen fällt ihm wegen Konzentrationsproblemen schwer.
Der Patient versucht, seine Krankheitssymptome herunterzuspielen.	Der Patient nimmt seine Beschwerden sehr ernst.

Kleine Tricks mit großer Wirkung – So bringen Sie Ihre grauen Zellen in Top-Form

Namen, Zahlen oder Reisepläne – mit der Loci-Technik oder einer Mind-Map behalten Sie alles sicher im Kopf

Wissenschaftliche Untersuchungen haben gezeigt: Ein gutes Gedächtnis ist nicht gottgegeben, sondern zu einem großen Teil einfach eine Sache der Übung. So kann der Brite Dominic O'Brien innerhalb von nur fünf Minuten 360 Ziffern in der richtigen Reihenfolge auswendig lernen. O'Brien und andere Gedächtniskünstler bedienen sich bei ihren Aufsehen erregenden Leistungen ganz einfacher Tricks, mit denen auch Sie zum Superhirn werden können.

Welcher Lerntyp sind Sie?

Bevor Sie mit einem gezielten Training beginnen, sollten Sie überprüfen, wie Sie am besten lernen. Die Lernforschung unterscheidet drei Typen der Wissensaneignung.

1. **Der auditive Typ** lernt am besten über das Gehör. Wenn Sie ein auditiver Typ sind, können Sie wichtige Informationen auf Kassette sprechen und diese dann mehrmals abhören.
2. **Der visuelle Typ** nimmt Informationen am besten über das Auge auf. Wenn Sie ein visueller Typ sind, sollten Sie sich wichtige Informationen unbedingt aufschreiben und den Text eventuell durch kleine Skizzen ergänzen.
3. **Der motorische Typ** lernt besonders gut, wenn er sich dabei bewegen kann. Als motorischer Typ können Sie das, was Sie sich merken wollen, laut aussprechen und gleichzeitig als Pantomime darstellen. Sagen Sie z. B. „Ich muss heute Abend unbedingt noch bügeln", bücken Sie sich dabei zu einem imaginären Wäschekorb und glätten Sie die Wäschestücke dann mit übertriebenen Bewegungen.

Voraussetzung für ein gutes Gedächtnis sind eine gute Wahrnehmungs- und Konzentrationsfähigkeit, die Sie spielerisch praktisch nebenbei trainieren können: Kartenspiele (z. B. Bridge, Rommee, Canasta, Skat oder Doppelkopf) und Legetechniken (z. B. Memory, Patiencen oder Tangram) sind bestens geeignet. Auch beim Zeitunglesen können Sie prima üben.

Namen vergessen? Eselsbrücken helfen

Sehr bewährt sind so genannte Assoziationstechniken als Gedächtnisstütze (Mnemotechnik): Dazu verknüpfen Sie die Dinge, die Sie behalten wollen, mit Bildern. Diesen kleinen Trick benutzt unser Gehirn oft schon selbst, ohne dass es uns bewusst wird. Assoziationen sind z. B. enorm hilfreich, um sich Namen zu merken.

Einen Herrn Schneider merken Sie sich viel leichter, wenn Sie ihn sich im Schneidersitz mit einer Näharbeit auf dem Schoß vorstellen. Und bei einer Frau Hirschberg erleichtert Ihnen das Bild eines Hirsches, der auf einer Bergspitze steht, die Erinnerung. Viele Namen bieten zwar keine natürlichen Assoziationen. Trotzdem können Sie die Technik anwenden. So können Sie aus einem Herrn Hehn in Gedanken einen Herrn Hahn machen und ihn mit dem entsprechenden Tier assoziieren.

Mit Bildgeschichten können Sie sich Zahlen besser merken

Spröde Zahlen sind für viele Menschen unabhängig vom Alter ein riesiges Problem. Gedächtniskünstler arbeiten auch hier mit Assoziationen. Und das können Sie genauso: Verbinden Sie mit jeder Zahl ein bestimmtes Bild.

So könnte Ihr neues Zahlen-Memory aussehen:

0 = Ring	7 = Fahne
1 = Kerze	8 = Sanduhr
2 = Schwan	9 = Trillerpfeife
3 = Dreirad	10 = Trommler
4 = Stuhl	11 = Kirchtürme
5 = Hand	12 = Uhr
6 = Schnecke	

Gehirnjogging beim Zeitunglesen

Hinter der Zeitung steckt immer ein kluger Kopf? Aber sicher! Mit diesen Übungen steigern Sie gezielt Ihre Konzentrationsfähigkeit. Dazu brauchen Sie: 1 Blatt Papier, 1 Stift und natürlich 1 Zeitung.

- Prägen Sie sich 60 Sekunden lang die Überschriften auf einer Seite ein und schreiben Sie diese dann aus dem Gedächtnis möglichst wortgetreu auf. Überprüfen Sie das Ergebnis. Schon nach ein paar Tagen täglicher Übung wird Ihr Ergebnis deutlich besser.
- Nehmen Sie sich einen kurzen Artikel vor und streichen Sie alle Wörter durch, die mit einem A beginnen. Dann streichen Sie alle B-Wörter. Versuchen Sie dabei auch den Inhalt zu erfassen.
- Lesen einen kurzen Artikel verkehrt herum („auf dem Kopf") oder rückwärts.

Mehrstellige Zahlen, z. B. Telefon-, Kunden- oder Kontonummern, verpacken Sie dann in eine kleine Geschichte. Diese könnte bei der Zahl 24.869 etwa so lauten: „Ein Schwan sitzt auf einem Stuhl und unterhält sich mit einer Sanduhr und einer Schnecke, die auf einer Trillerpfeife bläst.“

Dass diese Methode zu recht schrägen Geschichten führt, ist übrigens überhaupt kein Nachteil. Im Gegenteil: Je skurriler sie ist, umso leichter kann sich unser Gehirn die Geschichte merken. Wichtig ist dabei nur, dass Ihnen die Bilder zu den Zahlen wirklich in Fleisch und Blut übergehen.

Um sich lange Telefonnummern besser zu merken, können Sie diese auch in kleine übersichtliche Gruppen aufteilen, z. B. 331015859 in 33 101 58 59. Oder Sie suchen nach Auffälligkeiten. So könnten Sie die Zahlenfolge 127322 als Rechenaufgabe deuten: 12+7+3=22.

? Knobelaufgabe 6

In der folgenden Nachricht ist ein Wochentag für ein Treffen verschlüsselt:

Liebe Friederike!
Ich war in den letzten Tagen ruhelos wie eine Fliege. Endlich komme ich dazu, dir zu schreiben. Ich hoffe, du bist gesund und hast nicht Husten wie Rita, Schnupfen wie Emma oder Fieber wie Irma. Ich verbringe meine Zeit wie unser Taugenichts Theo und arbeite nicht wie Anton. Ich freue mich schon sehr auf unser nächstes Treffen. Wirst du auch zu Gabrieles Geburtstagsfeier kommen?

(Lösung Seite 114)

Bei der Loci-Methode werden Ihre Möbel zur Gedächtnisstütze

Die Loci-Methode wandten schon die Senatoren im alten Rom an, um sich ihre langen Reden zu merken. Der Trick besteht darin, bestimmte Orte (lat.: loci) oder Einrichtungsgegenstände in Ihrer Wohnung mit den Dingen zu verknüpfen, die Sie sich einprägen wollen. Wählen Sie dazu zunächst markante Orte Ihres Heims aus.

Prägen Sie sich diese Liste gut ein, indem Sie z. B. immer auf dem gleichen Weg durch die Wohnung gehen.

Beispiel für eine Loci-Liste:

1. Briefkasten
2. Haustür
3. Garderobe
4. Küche
5. Sofa
6. Esstisch
7. Bad
8. Schlafzimmer

Sobald diese Liste fest „sitzt“, können Sie sie als Anker nutzen und z. B. Ihre Einkaufsliste damit verknüpfen.

? Knobelaufgabe 7

Das Wort in der Klammer wurde nach einer bestimmten Regel gebildet. Wie heißen die fehlenden Wörter?

Kasten (Tenne) Nelke
Rasen ( ) Sender
Finger ( ) Teller

(Lösung Seite 114)

Beispiel für eine Einkaufsliste:

1. Brot
2. Joghurt
3. Eier
4. Mehl
5. Blumenkohl
6. Spinat
7. Tomaten
8. Glühbirnen

Nun assoziieren Sie: Brot passt nicht in „Briefkasten“ usw. Das Ganze ist ein Spiel, bei dem Sie sich die verrücktesten Verknüpfungen einfallen lassen dürfen. Wenn Sie erst einmal Routine haben, ist die Loci-Methode eine hervorragende Gedächtnisstütze, die Ihnen eine Menge Spaß bereiten kann.

Mind-Mapping – die Landkarte für Ihr Gedächtnis

Der Begriff „Mind-Mapping“ (Ideen-Landkarte) beschreibt bereits das Prinzip dieser Methode: Ein bestimmtes Themenfeld wird als Schaubild dargestellt, das man sich dann einprägt (siehe Abb. Seite 103).

Buchtipps

Das sind die beliebtesten Bücher zum Thema „Geistige Fitness“:

Buzan, Tony: Das kleine Mind-Map-Buch. 128 Seiten, Goldmann-Verlag 2004, ISBN: 3-442-16656-X, 4,00 €

Carper, Jean: Wundernahrung fürs Gehirn. 443 Seiten, Econ Taschenbuchverlag 2003, ISBN: 3-5483-6468-3, 9,95 €

Geisselhart, Roland, R./Zerbst, Marion: Das perfekte Gedächtnis. 284 Seiten, Deutscher Taschenbuchverlag 2001, ISBN: 3-4233-6525-0, 9,90 €

Kolb, Klaus/Miltner, Frank: Gedächtnis-Training. 104 Seiten, Gräfe und Unzer Verlag 1999, ISBN: 3-7742-1297-X, 10,90 €

Oppolzer, Ursula: Das große Brain-Fitness-Buch. 192 Seiten, Humboldt-Taschenbuchverlag 2004, ISBN: 3-8999-4020-2, 12,90 €

So fertigen Sie eine Mind-Map an:

1. Schreiben Sie das Thema, z. B. „Erikas 60. Geburtstag“, in die Mitte eines DIN-A4-Blatts.
2. Gruppieren Sie um dieses Zentrum wichtige Dinge und spontane Ideen, die Sie auf keinen Fall vergessen wollen.
3. Verwenden Sie Druckbuchstaben, da sich diese am besten ins Gedächtnis einprägen.
4. Besonders wichtige Aspekte können Sie farbig markieren.

Diese Methode ist sehr gut geeignet, wenn Sie ein Fest oder eine Reise organisieren wollen, denn sie hilft Ihnen auch, Ihre Gedanken zu ordnen. ■

So könnte eine Mind-Map aussehen

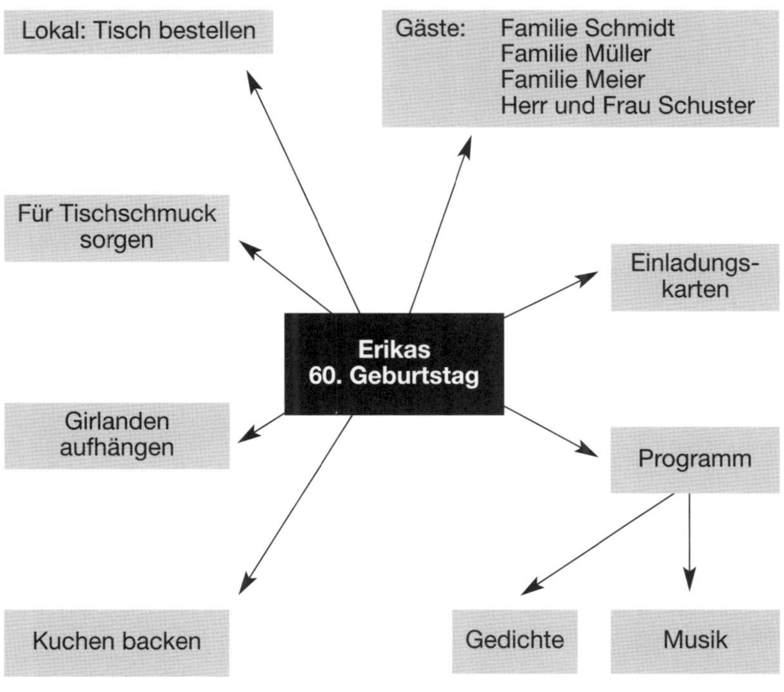

Schreiben Sie Ihre Mind-Map in Druckbuchstaben, da sich diese besser ins Gedächtnis einprägen. Verwenden Sie dabei verschiedene Farben, um Dringendes zu kennzeichnen.

Dieses Kraftfutter beflügelt Ihren Geist

Vollkornprodukte, kaltgepresste Pflanzenöle und buntes Gemüse gehören täglich auf Ihren Speiseplan

Wussten Sie, dass ein Fünftel der Nährstoffe, die wir täglich zu uns nehmen, ganz allein vom Gehirn verbraucht wird? Dabei kommt es aber nicht nur auf eine ausreichende Menge an, sondern v. a. auf die richtige Auswahl der Nährstoffe.

Diese Nährstoffe braucht Ihr Gehirn täglich:

- Kohlenhydrate: Glukose
- essenzielle Fettsäuren: Omega-3-Fettsäuren und Ölsäure
- Aminosäuren: Glutamin, Tryptophan und Phenylalanin
- Vitamine: Niacin, Vitamin B_1, B_6 und B_{12}, Folsäure, Beta-Carotin sowie Vitamin C und E
- Mineralstoffe/Spurenelemente: Kalzium, Eisen, Magnesium, Kupfer, Mangan, Selen und Zink
- sekundäre Pflanzenstoffe: Polyphenole und Flavonoide

Falsche Ernährung schwächt Ihre geistige Leistungsfähigkeit. Müdigkeit, Konzentrationsschwäche, Nervosität und Stimmungsschwankungen können die Folgen sein. So haben Forscher der Stanford Universität in Los Angeles/US-Bundesstaat Kalifornien nachgewiesen, dass ein Mangel an Vitamin B_1 (Thiamin) sogar zu einem Absterben von Gehirnzellen führen kann. Ernährungsmediziner gehen inzwischen davon aus, dass bei ca. 10 % aller Demenzerkrankungen auch ein Vitalstoffmangel, v. a. eine Unterversorgung mit B-Vitaminen, eine zentrale Rolle spielt.

? Knobelaufgabe 8

Wenn 20 Maschinen in 6 Tagen 10.000 Spielzeugautos herstellen – wie viele Maschinen braucht man, um 1.000 Spielzeugautos an einem halben Tag herzustellen?

(Lösung Seite 114)

Glukose: der wichtigste Brennstoff für Ihre grauen Zellen

Wussten Sie außerdem, dass unser Gehirn täglich 40 g Zucker in Form von Glukose (Traubenzucker) braucht? Natürlich liefern Süßigkeiten und süße Getränke rasch die notwendige Energie. Aber: So schnell der Blutzuckerspiegel ansteigt, so schnell fällt er auch wieder ab. Die Folgen sind erneuter Konzentrationsmangel, Heißhunger und Gereiztheit. Um kontinuierlich geistig fit zu sein, benötigen Sie einen möglichst konstanten Blutzuckerspiegel. Daher sollten Sie Nahrungsmitteln mit komplexen Kohlenhydraten den Vorzug geben (z. B. Müsli, Vollkornbrot, Naturreis, Vollkornnudeln). Denn diese Kohlenhydrate werden langsamer abgebaut und beliefern das Blut kontinuierlich mit Glukose. Nehmen Sie deshalb auch statt der üblichen drei Hauptmahlzeiten besser fünf kleinere Mahlzeiten pro Tag zu sich.

Fett schützt die Nervenzellen

Alle Nervenzellen und -fasern, die Informationen weiterleiten, sind von der fetthaltigen Myelinschicht umhüllt. Nur wenn diese Schutzschicht intakt ist, verläuft der Informationsfluss im Gehirn ungestört.

Als Baustein für diese Myelinschicht braucht der Körper essenzielle Fettsäuren, v. a. Ölsäuren (einfach ungesättigt) sowie Omega-3-Fettsäuren (mehrfach ungesättigt, Quellen siehe Kasten unten). Sie liefern Cho-

Brainfood – Das hält Ihr Gehirn fit

- Ersetzen Sie Süßigkeiten und Weißmehlprodukte durch **Vollkornprodukte**. Das hält Ihren Blutzuckerspiegel konstant.
- 10 % Ihrer täglichen Fettzufuhr sollte aus **einfach ungesättigten Fettsäuren (Ölsäure)** bestehen, die v. a. in Oliven-, Raps- und Erdnussöl enthalten sind.
- Essen Sie 2- bis 3-mal pro Woche 1 Portion (150 g) frischen Kaltwasserfisch, z. B. Makrele, Lachs oder Hering, um den Bedarf an **Omega-3-Fettsäuren** und Cholin für die Schutzhülle der Nerven zu decken. Auch Eier, Soja, Nüsse und Blumenkohl enthalten viel Cholin.
- Für die Produktion von Neurotransmittern brauchen Sie **Aminosäuren** aus weißem Fleisch, Fisch, Eiern, Sojaprodukten sowie Samen und Kernen. Die letzten beiden liefern Ihnen auch das wichtige Vitamin B_{12}.
- Nehmen Sie täglich ca. 5 Handvoll **buntes Gemüse und Obst** zu sich, um Ihrem Gehirn genug Antioxidantien und sekundäre Pflanzenstoffe zu liefern.
- Trinken Sie täglich mindestens **1,5 l reine Flüssigkeit**, z. B. stilles Wasser oder Früchtetee, um die Durchblutung Ihres Gehirns sicherzustellen.
- **Verzichten** Sie möglichst auf **Alkohol**, denn er zerstört die Gehirnzellen.

lin, einen Stoff, der zum Aufbau der Myelinschicht benötigt wird. Ohne Cholin verhärtet die Schutzschicht, Botenstoffe können nicht mehr ausgetauscht werden, die Signalübertragung zwischen den Nervenzellen kommt zum Erliegen. Außerdem ist Cholin die Vorstufe von Acetylcholin, einem wichtigen Neurotransmitter (Nervenbotenstoff).

Ohne Aminosäuren keine Botenstoffe

Aminosäuren sind unverzichtbare Bausteine der Neurotransmitter, die die Signalübertragung im Gehirn vermitteln. Drei Aminosäuren sind dabei besonders wichtig:

Tryptophan ist die Vorstufe des Glückshormons Serotonin. Ein Mangel an diesem Neurotransmitter führt zu Konzentrationsschwäche, Depressionen, Schlafstörungen, Heißhunger, Aggressionen und sogar zu chronischen Schmerzen.

Glutamin wirkt selbst als Nervenbotenstoff. Diese Aminosäure macht uns wach und ist unabdingbar für ein gut funktionierendes Gedächtnis.

Phenylalanin ist der Grundbaustein von Neurotransmittern. Außerdem hemmt es den Abbau der schmerzstillenden Enzephaline, die das Gehirn selbst herstellt. Wichtige Lieferanten dieser drei Aminosäuren finden Sie im Kasten auf Seite 105.

B-Vitamine sind lebenswichtige Nervennahrung

Vitamine steuern als Bestandteile von Enzymen in den Nervenzellen zahlreiche biochemische Prozesse. So ist Thiamin (Vitamin B_1) wie auch die übrigen Vitamine der B-Gruppe (Quellen siehe Tabelle auf Seite 107) unentbehrlich für den Neurotransmitter-Stoffwechsel und die Energiegewinnung aus Kohlenhydraten. Außerdem vermittelt es die Signalübertragung zwischen den Nervenzellen. Vitamin B_{12} (Cobalamin) ist für die Synthese der schützenden Myelinschicht der Nervenstränge notwendig. Darüber hinaus brauchen Sie auch das Nerven-Vitamin B_6 und Folsäure, um geistig fit zu bleiben, wie eine Studie der Universität Bologna eindrucksvoll belegt hat (siehe Seite 111).

Kalzium: unverzichtbar für die Übertragung von Informationen

Mineralstoffe sind ebenfalls für die reibungslose Funktion des Gehirns notwendig. So vermittelt Kalzium an den Synapsen die Informationsübertragung zwischen den Nervenzellen. Ein Kalziummangel reduziert die Leitfähigkeit der Nervenzellen und macht sich durch Nervosität bemerkbar.

Magnesium stellt die Sauerstoffversorgung der Gehirnzellen sicher. Es hilft gegen Stress und Erschöpfung, fördert die Konzentration, macht gute Laune und gibt neuen Schwung. Ein Magnesiummangel äußert sich z. B. in Reizbarkeit, Schlaflosigkeit und nächtlichen Wadenkrämpfen.

Von den Spurenelementen werden v. a. Eisen, Kupfer, Mangan, Molybdän, Selen sowie Zink für die Synthese der Botenstoffe und der schützenden Myelinschicht benötigt. Selen und Zink bilden außerdem zusammen mit Beta-Carotin, Vitamin C und E die unverzichtbare Gruppe der Antioxidantien, die Ihre empfindlichen Gehirnzellen vor aggressiven Sauerstoffverbindungen („freie Radikale") bewahren (Quellen siehe Tabelle unten).

Diese Vitalstoffe sorgen für ein gutes Gedächtnis

Vitamine	Tagesbedarf	gute Quellen
Beta-Carotin	15 bis 30 mg	gelbes, rotes Gemüse, v. a. Karotten
Vitamin B_1	1 bis 1,5 mg	Vollkorngetreide, Nüsse, Bierhefe
Niacin	9 bis 25 mg	Fleisch, Fisch, Weizenkeime, Nüsse
Vitamin B_6	2 bis 3,5 mg	Fleisch, Fisch, Vollkorn, Bananen
Vitamin B_{12}	1 bis 4 µg*	Fleisch, Fisch, Eier, Milch
Folsäure	0,2 bis 0,4 mg	Fleisch, Milch, grünes Blattgemüse
Vitamin C	100 mg	Obst, Salat, Gemüse
Mineralstoffe		
Eisen	10 bis 15 mg	Fleisch, Leber, Fisch, Eigelb
Kalzium	800 bis 1.200 mg	Milch, grünes Blattgemüse, Nüsse
Kupfer	1,5 bis 3 mg	Leber, Fisch, Schalentiere, Blattgemüse
Magnesium	350 bis 400 mg	Sojabohnen, Nüsse, Fisch, Vollkorngetreide
Mangan	2 bis 5 mg	Ananas, Nüsse, Hülsenfrüchte
Selen	20 bis 100 µg*	Fisch, Fleisch, Vollkorngetreide
Zink	12 bis 15 mg	Fleisch, Fisch, Vollkorngetreide

* 1.000 µg = 1 mg

Polyphenole schützen die Hirngefäße vor Arteriosklerose

Auch die sekundären Pflanzenstoffe fördern Ihre geistige Leistungsfähigkeit. Als besonders hilfreich haben sich die Polyphenole und der rote Farbstoff Resveratrol erwiesen, die beide z. B. in den Schalen und Kernen von roten Weintrauben enthalten sind. Sie schützen die Blutgefäße des Gehirns vor Arteriosklerose und beugen einem geistigen Abbau durch mangelnde Gehirndurchblutung vor.

Dass grüner Tee ganz besonders die Kopfgefäße vor Arteriosklerose schützt, ist eine brandneue Erkenntnis einer Studie des Arterioskleroseszentrums der Cedars Sinai Klinik in Los Angeles. Wie die US-Fachzeitschrift *Circulation* im Mai 2004 berichtete, sind dafür Flavone des grünen Tees, z. B. das EGCG (Epigallocatechin-3-Gallat), verantwortlich.

So versorgen Sie sich optimal mit sekundären Pflanzenstoffen:

- Essen Sie möglichst „bunt“, also täglich gelbes, rotes, oranges und grünes Gemüse bzw. Obst, z. B. rote, gelbe und orange Paprika, Möhren, Brokkoli, Spinat und Feldsalat bzw. Ananas, Grapefruit, Granatäpfel, Orangen, Papayas, Kiwis, Äpfel, Birnen und Weintrauben.
- Verzehren Sie die Hälfte Ihrer täglichen Gemüseration roh, die andere gekocht. Denn ein Teil der sekundären Pflanzenstoffe geht durch Erhitzen verloren. Der andere Teil wird dagegen erst durch Kochen für den Körper verfügbar gemacht.
- Fügen Sie dem Gemüse stets einige Tropfen eines kaltgepressten Pflanzenöls (z. B. Raps-, Lein- oder Olivenöl) hinzu, da zahlreiche Vitamine (A, D, E und K) nur mit Hilfe von Fett vom Darm aufgenommen werden können.
- Nehmen Sie zuerst Ihre Rohkost und anschließend gekochtes Gemüse zu sich, die umgekehrte Reihenfolge würde Ihre Verdauung zu stark belasten.
- Ersetzen Sie Kaffee und Tee durch grünen Tee, denn dieser enthält gefäßschützende Flavonoide.

Unser Tipp: Bereiten Sie grünen Tee nur mit 70 bis 80 °C heißem Wasser zu! Höhere Temperaturen zerstören nämlich seine wertvollen Inhaltsstoffe. ■

Welche Mittel Ihre geistige Leistungsfähigkeit wirklich steigern

Auf Hormone ohne ärztliche Verordnung sollten Sie unbedingt verzichten

Apotheken, Drogerien, Supermärkte und das Internet – sie alle bieten eine Fülle von Präparaten an, die eine kräftige Steigerung der geistigen Leistungskraft versprechen. Aber stimmen die vollmundigen Versprechungen überhaupt?

Anti-Aging-Hormone haben erhebliche Nebenwirkungen!

In den USA sind Hormone als Waffe gegen das Altern ohne Beratung für ein paar Dollar in jedem Supermarkt erhältlich. Spötter bezeichnen diesen unkontrollierten Hormonkonsum als „US-Großversuch". In Deutschland erhalten Sie Hormone wegen ihrer beträchtlichen gesundheitsschädlichen Nebenwirkungen dagegen nur auf ärztliches Rezept.

Diese 3 Hormone sollen das Gehirn verjüngen:

- Wachstumshormon (Somatotropin)
- Melatonin
- DHEA (Dehydroepiandrosteron)

Als Beweis für die fantastische verjüngende Wirkung des Wachstumshormons Somatropin (SHT) führen die Präparatevertreiber meist die „Rudman-Studie" an. Sie wurde bereits 1990 von der US-Fachzeitschrift *New England Journal of Medicine* veröffentlicht. Diese Mini-Studie unter Leitung von Dr. Daniel Rudman vom Medical College Milwaukee/US-Bundesstaat Wisconsin hatte die Substitution von Somatropin bei

Ginkgo stärkt Ihr Gedächtnis

Der Extrakt aus Ginkgoblättern fördert nachgewiesenermaßen die Hirndurchblutung und schützt Ihre grauen Zellen vor Sauerstoffmangel.

Foto: © Dr. Wilmar Schwabe Arzneimittel

12 Männern über 60 Jahren mit sehr niedrigen Somatropin-Spiegeln (< 350 U/l) untersucht. Tatsächlich bewirkte die Hormongabe beachtliche Zuwächse an Muskel- und Knochenmasse. Die Studie enthält aber keinerlei Angaben über eine Verbesserung der geistigen Fitness der Probanden, noch empfiehlt der Autor die Gabe von Somatropin an Senioren mit höheren körpereigenen Somatropin-Werten. Im Gegenteil: Dr. Rudman warnte ausdrücklich davor, weil die langfristigen Wirkungen der Hormongabe überhaupt nicht abzuschätzen seien.

Inzwischen ist bekannt, dass die langfristige und unkontrollierte Gabe des Wachstumshormons zu Knochen- und Gelenkschäden, zur Vergrößerung von Leber und Herz, ja sogar zu Diabetes Typ 2 führen kann. Davor warnen sogar Internetshops für Bodybuilder, die sonst bei Nebenwirkungen nicht sehr zimperlich sind.

Dieses Beispiel ist nur eines von vielen, wie gierige Geschäftemacher Grundlagenstudien für ihre Zwecke umdeuten. In der Werbung mit der Rudman-Studie wird sogar inzwischen der Name des Autors durchgängig falsch geschrieben und gleich noch ein Professorentitel hinzugedichtet!

Eine Therapie mit dem Wachstumshormon ist nur bei einem manifesten Mangel an diesem Hormon auf ärztliche Anordnung zu vertreten.

Preiswerte Präparate zur Gehirnstärkung

Vitalstoff	Produktname	Preis einer Tagesdosis
Lecithin	Renatura® Lecithin Kapseln	0,30 €
	buerlecithin® compact	0,48 €
Omega-3-Fettsäuren	Schaebens® Omega-3-Lachsöl 650 + Vit. E	0,07 €
	Doppelherz® aktiv Lachsöl Omega-3	0,16 €
Folsäure + Vit. B_6 + B_{12}	Biovital® A-Z ab 50	0,16 €
	Doppelherz® aktiv B-Komplex + Folsäure	0,14 €
L-Carnitin	Solaguttae® L-Carnitin Kapseln	0,34 €
	Schaebens® L-Carnitin plus Omega-3 Kapseln	0,33 €
Ginkgo	Espara® Ginkgo Kapseln	0,29 €
	Dr. Dünner® Ginkgocel	0,67 €
Ginseng	tetesept® Ginseng Ginkgo Dragees	0,43 €
	Kneipp® Active Ginseng	0,56 €

Die Präparate erhalten Sie in Drogerien, Reformhäusern und Apotheken.

Erhöhtes Krebsrisiko durch Melatonin und DHEA?

Im Tierversuch wirkte Melatonin bei Mäusen und Ratten lebensverlängernd, allerdings erhöhte es auch das Risiko für Eierstock- und Hautkrebs. Beim Menschen ist bislang nur sicher belegt, dass Melatonin den Schlafrhythmus bei einem „Jetlag" (Beschwerden durch Zeitumstellung nach Langstreckenflügen) normalisieren kann.

DHEA, eine Vorstufe der Sexualhormone Östrogen und Testosteron, hat nach einer preisgekrönten Studie von Dr. Wibke Arlt (Universität Würzburg) aus dem Jahr 2000 keinen Einfluss auf die geistige Leistungsfähigkeit. Stattdessen erhöht sich möglicherweise das Prostatakrebs-Risiko!

Unser Rat: Besorgen Sie sich auch diese Hormone niemals auf eigene Faust ohne Rezept, z. B. aus dem Internet. Denn die Risiken sind einfach zu groß.

Lecithin, Carnitin und B-Vitamine sind sinnvoll

Wer sich cholesterinarm ernährt, senkt zwar sein Arterioskleroserisiko, nimmt aber häufig zu wenig essenzielle Fettsäuren zu sich. Darunter leiden dann die grauen Zellen. Dem können Sie mit Lecithingranulat oder -kapseln abhelfen. Sie enthalten Cholin, einen Baustein der Nervenschutzschicht Myelin und die Vorstufe des Neurotransmitters Acetylcholin.

Fischöl- oder Lachsölkapseln sind hervorragende Lieferanten von Omega-3-Fettsäuren, aus denen der Körper selbst Cholin herstellen kann. Empfehlens- und preiswerte Präparate finden Sie in der Tabelle Seite 110.

Auch die Aminosäure L-Carnitin, die an der Signalübertragung im Gehirn beteiligt ist, kann als Nahrungsergänzungsmittel die geistige Leistungsfähigkeit steigern und möglicherweise sogar Alzheimer-Symptome abschwächen. Die Gesellschaft für Ernährungsmedizin und Diätetik in Bad Aachen empfiehlt Senioren deshalb die tägliche Einnahme von 1 bis 2 g L-Carnitin.

Bei erhöhten Homocysteinwerten (> 11 µmol/l) sollten Sie immer B-Vitamine einnehmen, um den Abbau dieses Stoffwechselgifts, das die Hirnzellen schädigen kann, sicherzustellen. Das ergab eine Studie der Universität Bologna/Italien an 650 Männern und Frauen über 65 Jahren, die das *American Journal of Clinical Nutrition* im März 2003 veröffentlichte. Bei den Probanden, die täglich 600 µg Folsäure, 1,9 mg Vitamin B_6 und 3,5 µg Vitamin B_{12} einnahmen, verbesserten sich Wahrnehmung, Denken, Erkennen und Erinnern im Vergleich zur Kontrollgruppe erheblich.

Altbewährt: Ginkgo und Ginseng gegen Vergesslichkeit

Mit der täglichen Einnahme von **Ginkgoblätter-Extrakt** können Sie ebenfalls Ihre volle geistige Leistungskraft erhalten. Das belegt eine französische Studie an 345 Frauen über 75 Jahren, die im Jahr 2003 in der Fachzeitschrift *Journal of Gerontology* erschien. Außerdem erkrankten die Frauen, die vier bis sieben Jahre lang regelmäßig Ginkgoextrakt eingenommen hatten, seltener an einer Demenz als die Kontrollgruppe, die einen Placebo erhalten hatte. Der positive Effekt zeigte sich nach einer mindestens einjährigen täglichen Einnahme des Extrakts.

Studien haben diese Wirkungen von Ginkgo bestätigt:

- Förderung der Hirndurchblutung und des Hirnstoffwechsels
- Schutz der Hirnzellen vor Sauerstoffmangel
- Stopp der altersbedingten Abnahme von Neurotransmittern

Nehmen Sie Ginkgo schon bei den ersten Anzeichen einer Konzentrations- oder Gedächtnisschwäche ein, v. a. wenn diese mit Kopfschmerzen oder Schwindel verbunden sind. Nur selten treten Nebenwirkungen wie Magen-Darm-Beschwerden oder eine erhöhte Blutungsneigung auf.

Auch die positive Wirkung des **Ginsengs** auf das Gehirn ist durch zahlreiche Studien belegt. Der Ginseng wuchs ursprünglich nur wild in den lichten Wäldern Koreas, Japans und Chinas. Heute wird die Pflanze, von der zu Heilzwecken nur die Wurzel verwendet wird, in großen Plantagen kultiviert. Sie erreicht auch bei intensiver Pflege erst nach vier bis sieben Jahren ihr Erntegewicht von 60 bis 100 g. In freier Natur würde sie dafür mindestens 150 Jahre brauchen. Ginseng hilft Ihnen bei Müdigkeit, allgemeinem Schwächegefühl und Konzentrationsmangel. Ginsengpräparate sollten Sie nur kurmäßig maximal 4 Monate lang einnehmen, da bei Langzeiteinnahme unerwünschte Nebenwirkungen auf den Hormonhaushalt nicht ausgeschlossen werden können. ■

Ginseng fürs Gehirn

Ginseng stärkt die Gehirndurchblutung und damit auch die Konzentrationsfähigkeit.

Bild: Irisiana Verlag

Sport fördert geistige Höhenflüge

Wenn sich die Hirndurchblutung verbessert, nimmt auch die geistige Fitness zu

Wissenschaftler der Universität Urbana/US-Bundesstaat Illinois haben eindeutig bewiesen: Schon wenige Stunden körperliche Bewegung pro Woche bringen Ihre grauen Zellen kräftig auf Trab. Das Team unter der Leitung von Dr. Arthur Kramer untersuchte 42 Freiwillige im Alter von 58 bis 77 Jahren, die sechs Monate lang drei Stunden pro Woche ein leichtes Aerobic-Training absolviert hatten. In dieser Zeit steigerte sich ihre Konzentrationsfähigkeit um bis zu 30 %, wie die US-Fachzeitschrift *Science* im Februar 2004 berichtete.

Durch Bewegung wächst das Gehirn

Sportliche Bewegung verbessert jedoch nicht nur die Hirndurchblutung – sie bewirkt sogar die Neubildung von Nervenzellen und Synapsen, wie Forscher der Universitäten Jena und Regensburg in einer im Januar 2004 im Wissenschaftsmagazin *Nature* veröffentlichten Studie belegten.

So fördert Sport Ihre geistige Beweglichkeit:

- Steigerung der Hirndurchblutung
- Neubildung von Nervenzellen und Synapsen
- Zunahme der Konzentrationsfähigkeit
- Verbesserung des Kurzzeitgedächtnisses
- Verringerung der Reaktionszeit und damit Erhöhung der Schlagfertigkeit
- Senkung des Alzheimer- und Demenzrisikos

Schwimmen hält geistig fit

Ausdauersportarten wie Schwimmen, Radfahren und Walking sind ein hervorragendes Stärkungsmittel für Ihre geistige Leistungsfähigkeit.

Foto: © AOK-Mediendienst

Prinzipiell ist jede Sportart geeignet, ganz gleich ob Kraft- oder Ausdauertraining, Tennis, Tanzen, Gymnastik, Schwimmen, Radfahren, Wandern, Walking inkl. Nordic-Walking, Ski-Langlauf oder Golfen.

Auch fernöstliche Techniken wie z. B. Tai Qi und Yoga, die körperliche Übungen mit Konzentrationstechniken verbinden, sind sehr gut geeignet, um sich geistig fit zu halten. Jede Bemühung lohnt sich: So steigert schon ein normaler Spaziergang von einer halben Stunde Ihre Hirndurchblutung (kurzfristig) um immerhin 20 %!

Das Wichtigste ist: Körperliche Bewegung muss Ihnen Freude bereiten! Sobald das Training in Stress ausartet, stärkt es Ihren Geist nicht mehr, sondern bewirkt das Gegenteil. ■

! Lösungen der Knobelaufgaben

1. (a) 48 96 (24+24; 48+48); (b) 27 32 (+ 5); (c) 20 10 (+2/+5 im Wechsel)

2.

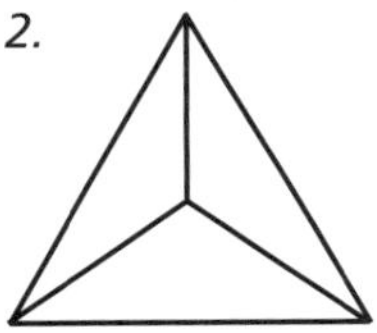

3.

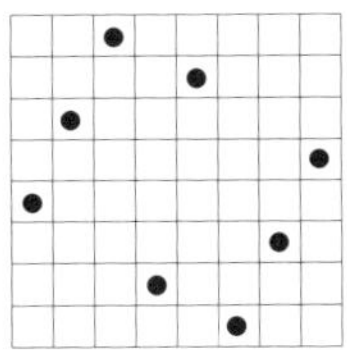

4. 10 m (Tiefe x Länge x Breite = 600 m³)

5.

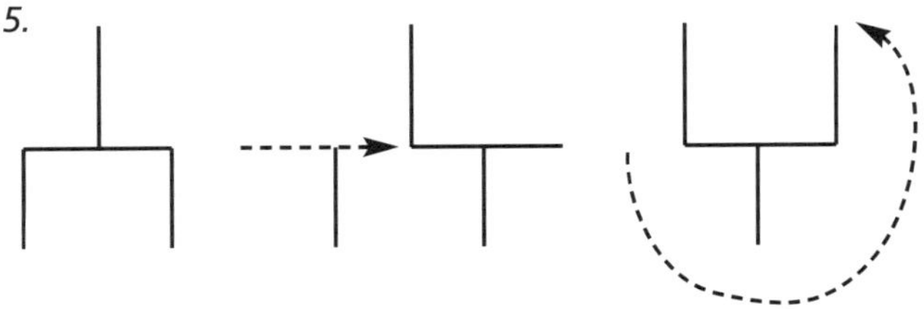

6. Freitag (aus den Anfangsbuchstaben der Vornamen)

7. Sense, Gerte (die letzten 3 Buchstaben des 1. Wortes plus die ersten 2 Buchstaben des 2. Wortes)

8. 24 Maschinen $\frac{(1.000 \times 6 \times 20 \times 2)}{10.000} = 24$

Rat & Info zur Förderung Ihrer geistigen Fitness

Bei diesen Verbänden können Sie zahlreiche Broschüren mit Denksport-Aufgaben anfordern. Auf den genannten Internet-Seiten der Verbände finden Sie auch eine Fülle von kostenlosen Online-Übungen für Ihr tägliches Gehirntraining.

Bundesverband für Gedächtnistraining
Friedensweg 3
57462 Olpe-Dahl
Tel.: 02761/82 65 55
www.bvgt.de

Deutsche Alzheimer Gesellschaft
Friedrichstr. 236
10969 Berlin
Tel.: 030/259 37 95 0
Fax: 030/259 37 95 29
Alzheimer-Telefon:
01803/17 10 17 (12 Cent/Min.)
www.deutsche-alzheimer.de

Deutsche Seniorenliga
Gotenstr. 164
53175 Bonn
Tel.: 0228/367 93 0
Fax: 0228/367 93 90
www.dsl-alzheimer.de

Gesellschaft für Gehirntraining
Postfach 1420
85555 Ebersberg
Tel.: 08092/86 49 30
Fax: 08092/86 49 50
www.gfg-online.de

Gesellschaft für Gedächtnis- und Kreativitätsförderung (GGK)
Riedstr. 9
88316 Isny
Tel.: 07562/9 10 08
Fax: 07562/9 10 59
ww.ggk.de

Mensa in Deutschland
Lochhamer Str. 13
82152 Planegg-Martinsried
Tel.: 0700/78 36 36 72
Fax: 0700/32 96 36 72
www.mensa.de

Schweizerischer Verband der Gedächtnistrainerinnen und -trainer (SVGT)
Kapfsteig 54
CH-8032 Zürich
Tel./Fax: 0041/44/3 81 15 22
www.gedaechtnistraining.ch

Österreichischer Bundesverband für Lern-, Denk- und Gedächtnistraining (ÖBV)
Dr. Helga Schloffer
Thonstr. 5
A-5400 Hallein
Tel.: 0043/699 12 85 20 80
Fax: 0043/62 44 77 52
www.gedaechtnistraining-oebv.at

Krebs
ganzheitlich
vorbeugen
und heilen

Ein gesunder Organismus kann einzelne bösartige Zellen problemlos abwehren

Nur wenn die Immunabwehr geschwächt ist, können sich Krebszellen ungehindert vermehren

Wussten Sie, dass im Körper eines jeden Menschen tagtäglich lebensfähige Krebszellen entstehen, die einen bösartigen Tumor bilden können? Trotzdem erkrankt längst nicht jeder Mensch an Krebs. Für einen gesunden Organismus, der über ein schlagkräftiges Immunsystem verfügt, stellen vereinzelte Krebszellen kaum eine Gefahr dar: Sie werden abgefangen und vernichtet, ehe sie zu einer ernsthaften Bedrohung werden können.

Die Ursache von Krebs liegt im Erbgut der Zellen

Die Entstehung von veränderten Zellen in lebenden Organismen ist keine Seltenheit, sondern ein völlig alltäglicher Vorgang. Spontan oder durch verschiedene Einflüsse aus der Umwelt – UV-Strahlen, natürliche oder künstliche Radioaktivität, Chemikalien und Viren – geschieht es immer wieder, dass das Erbgut einiger der vielen Millionen Zellen des menschlichen Körpers geschädigt wird. Solche Veränderungen werden als Mutationen bezeichnet. Nicht jede Mutation ist für den Organismus schädlich – oft stirbt die betroffene Zelle einfach ab, und mit ihr verschwindet die Mutation aus dem Organismus. Manchmal kann die Veränderung im Erbgut der Zelle dem Organismus jedoch zum Verhängnis werden: wenn die Zelle plötzlich aufhört, auf regulierende Mechanismen des Körpers zu reagieren, und unkontrolliert zu wachsen beginnt.

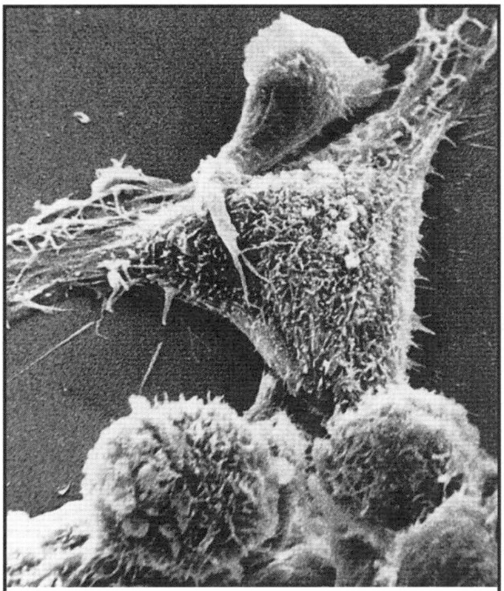

Eine Krebszelle wird von einem kleinen, keulenförmigen Lymphozyten (weißes Blutkörperchen, oben Mitte) angegriffen. Unten sind einige bereits zerstörte Krebszellen zu sehen.

Photo: DKFZ Heidelberg, Pawelitz

Ist das Immunsystem des betroffenen Menschen in Ordnung, erkennen die Immunzellen eine solche entartete Zelle schnell und zerstören sie, bevor sie Unheil anrichten kann. Ist die körpereigene Abwehr jedoch geschwächt, wird die mutierte Zelle in ihrem bedrohlichen Verhalten nicht gestört: Sie wächst und wächst, nimmt ihre Aufgaben im jeweiligen Organ nicht mehr wahr und teilt sich unaufhörlich. So entsteht ein Tumor, der sich wie ein Parasit im umliegenden gesunden Gewebe breit macht und dieses zerstört.

Wandernde Krebszellen sind besonders tückisch

Das Fatale an bösartig entarteten Zellen ist, dass sie die Mutation auch auf alle weiteren Zellen übertragen, die durch Teilung aus ihnen entstehen. Deshalb ist Krebs allein durch eine Operation oft nicht heilbar: Es reicht, wenn eine einzige, unentdeckbare Krebszelle im Organismus zurückbleibt – schon kann sich der Tumor erneut entwickeln.

Eine besonders tückische Eigenschaft der Krebszellen ist ihre Fähigkeit, im Organismus des Patienten zu wandern. Sie durchdringen oft mit Leichtigkeit Blut- und Lymphgefäße sowie Organhüllen, setzen sich an verschiedenen Stellen im Körper des Kranken fest und gründen dort eine Tochtergeschwulst (Metastase).

Wie schnell ein Tumor wächst und wie häufig er Metastasen bildet, ist nicht bei allen Tumoren gleich. Die Eigenschaften der Geschwulst hängen weitgehend davon ab, aus welchem Gewebe die ursprüngliche Krebszelle stammt und welcher Art die Mutation ist, die zur Entstehung des Tumors geführt hat.

Das Krebsrisiko hängt stark von der Schlagkraft des Immunsystems ab

Das Risiko, an Krebs zu erkranken, ist nicht in jedem Alter gleich: So sind Säuglinge und Kleinkinder mehr gefährdet als Jugendliche oder junge Erwachsene, weil das Immunsystem in den ersten Lebensjahren noch nicht voll ausgereift ist. Krebszellen, die zum Beispiel durch einen angeborenen Gendefekt oder die Einwirkung von Karzinogenen während der Schwangerschaft entstanden sind, werden dann vom Immunsystem manchmal nicht rechtzeitig bekämpft und haben Gelegenheit, einen Tumor zu bilden.

Am niedrigsten ist das Krebsrisiko bei Jugendlichen und jungen Erwachsenen. Etwa ab dem 30. Lebensjahr nimmt dann die Wahrscheinlichkeit, an Krebs zu erkranken, wieder allmählich zu. Im Alter zwischen

30 und 40 Jahren ist sie bereits doppelt so hoch wie bei 20-jährigen, und mit jedem weiteren Lebensjahrzehnt steigt das Risiko des Krebses immer weiter um das Doppelte an.

Für das zunehmende Krebsrisiko mit steigendem Alter ist zum einen ebenfalls das Immunsystem verantwortlich: Bei älteren Menschen verliert die körpereigene Abwehr allmählich ihre Schlagkraft.

Zum anderen tragen auch die äußeren Lebensumstände dazu bei, dass das Risiko einer Krebskrankheit im höheren Alter zunimmt. Je älter der Mensch ist, umso länger konnten die verschiedenen Schadstoffe aus der Umwelt auf die Zellen seines Körpers einwirken. Die Wahrscheinlichkeit, dass das Erbgut geschädigt wird, nimmt damit deutlich zu.

Bei diesen Anzeichen sollten Sie vorsorglich einen Arzt aufsuchen:

- plötzlicher starker Gewichtsverlust ohne bekannte Ursache
- anhaltende, ungeklärte Bauchschmerzen
- Blut im Urin
- Veränderungen der Brustform oder Knoten in der Brust
- Blutungen oder Absonderungen aus der Brust
- Blutungen außerhalb der Menstruation
- Veränderungen der Hodenform bzw. -größe oder Knoten in den Hoden
- Wunden, die über Wochen nicht heilen
- Muttermale und Hautflecken, die schnell wachsen, bluten oder jucken
- hartnäckige Heiserkeit oder Schluckbeschwerden (ohne begleitende Erkältung)
- andauernder Husten ungeklärter Ursache, Bluthusten

Manchmal ist die Anfälligkeit für Krebs angeboren

In einigen Familien kommt Krebs häufiger als in der durchschnittlichen Bevölkerung vor, und es erkranken auch jüngere Familienmitglieder daran. Ursache dafür ist ein Gendefekt, eine Mutation, die von den Eltern auf die Kinder vererbt wird. In den meisten Fällen reicht eine solche Mutation allein noch nicht aus, um den Krebs hervorzurufen, doch sie kann die Entstehung des Krebses deutlich begünstigen. Menschen, in deren Familien häufiger Krebs vorkommt, haben daher ein angeborenes erhöhtes Risiko, auch selbst an Krebs zu erkranken. Das heißt allerdings nicht, dass die Krankheit tatsächlich auftreten muss – die erhöhte potenzielle Gefahr kann durch eine gesunde Lebensweise wieder deutlich gesenkt werden.

Das sind die häufigsten Krebsauslöser:

- Rauchen
- ungesunde Ernährung
- übermäßiger Alkoholkonsum
- übermäßiges Sonnen (auch in Solarien)
- Kontakt mit krebsauslösenden Chemikalien (Verkehrsabgase, Holzschutzmittel, Insektenvernichtungsmittel etc.)
- radioaktive Strahlen
- Elektrosmog

Unser Lebensstil begünstigt die Entstehung von Krebs

In vielen Studien wurde einwandfrei belegt: Krebs ist keineswegs eine neue Krankheit; es gab sie bereits vor mehreren Tausend Jahren. Tatsache ist jedoch, dass die Häufigkeit von Tumorerkrankungen in den letzten Jahrzehnten deutlich zugenommen hat, insbesondere in den hoch entwickelten Industrieländern.

Der technische Fortschritt hat nicht nur segensreiche Erfindungen, sondern auch eine beispiellose Umweltverschmutzung und eine Menge künstlicher krebserregender Substanzen hervorgebracht. Sie verursachen Mutationen im Erbgut der Zellen und lassen Krebszellen entstehen, oder sie unterstützen bereits entstandene Krebszellen in ihrer Entwicklung. Es ist fast unmöglich, sämtliche „Übeltäter" aufzuzählen: Autoabgase, Dieselruß, Elektrosmog, Umweltchemikalien, radioaktive Strahlung und vieles mehr. Sie alle tragen dazu bei, dass Mutationen – auch jene, die zu Krebs führen können – immer häufiger auftreten.

Als ob das nicht reichte, wird durch die „Errungenschaften" unseres heutigen Lebensstils gleichzeitig auch noch die Aktivität unseres Immunsystems unterdrückt. Mangelnde Bewegung, falsche Ernährung, Vitaminmangel, Rauchen, anhaltender Stress, übertriebene Sonneneinwirkung, Medikamentenmissbrauch – all das sind ausgesprochene Feinde der Immunabwehr. Den immer häufiger entstehenden Krebszellen stehen deshalb immer weniger aktive, schlagkräftige Immunzellen gegenüber. Immer seltener werden die Krebszellen rechtzeitig abgefangen und vernichtet.

DIe Diagnose Krebs ist heute kein Todesurteil – Fast jeder Zweite wird wieder gesund

Die Möglichkeiten der Früherkennung und Behandlung von Krebs haben sich in den letzten Jahren dramatisch verbessert. Professor Harald zur Hausen vom Deutschen Krebsforschungszentrum in Heidelberg berichtet von einer Trendwende in der Krebssterblichkeit: Seit Beginn der 90er Jahre ist erstmals die Gesamtsterblichkeit an Tumorerkrankungen zurückgegangen, obwohl die Zahl der neuen Krebsfälle weiterhin zugenommen hat. Das ist ein beeindruckender Beweis dafür, dass die Chancen, von Krebs geheilt zu werden, heute besser stehen als je zuvor. Mittlerweile kann fast jeder zweite Krebskranke geheilt werden. Auch bei Patienten, die nicht vollständig geheilt werden können, sind die Chancen deutlich gestiegen, mit dem Krebs und bei guter Lebensqualität noch lange Jahre zu leben. So unterscheidet sich heute zum Beispiel die durchschnittliche Lebenserwartung von Patienten mit Prostata-Karzinom kaum mehr von der Lebenserwartung ihrer gesunden Altersgenossen.

Es gibt viele Menschen, die mit einem Tumor über 90 Jahre alt werden und schließlich an einer anderen Ursache sterben. Das zeigt einmal mehr, dass nicht der Krebs allein entscheidet, wie die Krankheit verläuft. Der Organismus, insbesondere das Immunsystem, hat ein deutliches Mitspracherecht.

Spontanheilungen von Tumoren gibt es immer wieder

Immer wieder tauchen in Zeitungen Berichte über wundersame Heilungen von Krebspatienten auf, denen die Medizin scheinbar nicht mehr helfen konnte. Seit es möglich ist, durch histologische (feinmikroskopische) Untersuchungen des Gewebes die Krebsdiagnose einwandfrei zu dokumentieren, ist es auch wissenschaftlich belegt: Tatsächlich kann sich der Körper manchmal auch selbst von Krebs heilen, unabhängig davon, welches Stadium der Krebs erreicht hat. Dabei handelt es sich durchaus nicht nur um absolute Einzelfälle. Durchschnittlich wird einer von 60.000 bis 100.000 Krebspatienten ohne jede Behandlung von allein wieder gesund.

Alles deutet darauf hin, dass für diese „medizinischen Wunder" das Immunsystem zuständig ist. Immunologen haben es wiederholt unter dem Mikroskop direkt beobachten können: Wenn die so genannten Killerzellen des Immunsystems richtig aktiv werden, können sie ohne Schwierigkeiten selbst einen großen Tumor angreifen und ihn, Zelle um Zelle, restlos zerstören. Die Frage ist bloß: Warum kämpft das Immunsystem nicht bei jedem Krebspatienten gegen den Tumor an?

Die Wahrscheinlichkeit, dass ein Tumor „von allein“ wieder verschwindet, ist bei jeder Krebsart unterschiedlich hoch. Die „Ärzte Zeitung“ berichtet, dass Melanome (der „Schwarze Hautkrebs“) etwa in 15 % aller Fälle von allein wieder abheilen; bei Nierenkrebs mit Tochtergeschwülsten in der Lunge besteht eine 4 %ige Wahrscheinlichkeit einer Selbstheilung, und bei einigen weniger aggressiven Tumorarten wird sogar fast jeder vierte Patient ohne Behandlung wieder gesund.

Das Immunsystem entscheidet mit, wie hoch das persönliche Krebsrisiko ist

Kein Mensch kann vorhersagen, ob er an Krebs erkranken wird oder nicht. Doch wie hoch das Risiko der Erkrankung ist, kann jeder selbst beeinflussen. Sie können viel dafür tun, um dieses Risiko so niedrig wie möglich zu halten.

Bemühen Sie sich gezielt und konsequent, Ihr Immunsystem in Topform zu bringen und zu halten – allein damit haben Sie bereits die wirksamste vorbeugende Waffe gegen den Krebs auf Ihrer Seite.

Die 6 wichtigsten Schritte, mit denen Sie Ihr individuelles Krebsrisiko senken können:

- Halten Sie Ihr Immunsystem in Top-Form.
- Vermeiden Sie übermäßige Sonneneinwirkung.
- Gehen Sie bekannten Krebsauslösern aus dem Weg.
- Ernähren Sie sich gesund.
- Gehen Sie regelmäßig zu den Vorsorgeuntersuchungen.
- Suchen Sie Ihren Arzt auf, wenn Sie sich nicht gesund fühlen oder ungewöhnliche Veränderungen an Ihrem Körper beobachten.

Welche Verfahren am besten geeignet sind, um Ihr Immunsystem zu stärken, hängt vom Ihrem Gesundheitszustand ab. Wenn Sie gesund sind, reicht ein „Fitnessprogramm“ für das Immunsystem völlig aus: Die wichtigsten

Eckpfeiler des Programms sind gesunde Ernährung (siehe auch Seite 124), Sport und Bewegung, Kneippsche Wasseranwendungen sowie gezielter Stressabbau.

Zusätzlich ist es wichtig, dass Sie alles meiden, was Ihr Immunsystem schwächen könnte – etwa übertriebenes Sonnen, einseitige, unausgewogene Ernährung, Vitaminmangel, unnötige (oder unnötig lange) Einnahme von Medikamenten, zu hohen Alkoholkonsum, Rauchen und Drogen.

Meiden Sie krebsauslösende Schadstoffe!

Es ist nicht leicht, in unserer Gesellschaft allen potenziell krebsauslösenden Schadstoffen aus dem Weg zu gehen. Doch der menschliche Organismus kann viel verkraften und ausgleichen. Verzagen Sie deshalb nicht! Bemühen Sie sich konsequent, die Menge der Schadstoffe, die auf Ihren Organismus einwirken, so gering wie möglich zu halten.

Wenn Sie Raucher(in) sind: Geben Sie sich einen Ruck, und hören Sie damit auf! Es ist erwiesen, dass Rauchen die Entstehung von Krebs begünstigt. Gehen Sie auch dem Tabakrauch Ihrer qualmenden Mitmenschen konsequent aus dem Weg: Passivraucher haben ebenfalls ein deutlich erhöhtes Krebsrisiko!

Bemühen Sie sich, die Konzentration von anderen Schadstoffen in der Atemluft so gering wie möglich zu halten: Lüften Sie regelmäßig, benutzen Sie keine unnötigen Chemikalien in Ihrem Haushalt. Verzichten Sie möglichst völlig auf chemische Insektenvertilgungsmittel.

Haben Sie schon einmal darüber nachgedacht, wie Sie den Einfluss von Elektrosmog in Ihrer direkten Umwelt senken können? Es gibt Hinweise darauf, dass anhaltender Elektrosmog ebenfalls die Entstehung von Krebs begünstigen kann (siehe auch Seite 47).

Vorsorgeuntersuchungen sollten Sie nicht vernachlässigen

Wenn Sie zusätzlich die Früherkennungsuntersuchungen nutzen, die von den gesetzlichen Krankenkassen angeboten werden, und Ihren Arzt aufsuchen, wenn Sie sich krank fühlen oder etwa ungewöhnliche Veränderungen an Ihrem Körper beobachten, haben Sie Ihr Bestes getan, um Ihr individuelles Krebsrisiko deutlich zu senken. ■

Mit der richtigen Kost beugen Sie dem Krebs wirksam vor

Ein Drittel aller bösartigen Tumorerkrankungen ist ernährungsbedingt

Allein durch falsche Ernährung erkranken jedes Jahr Tausende von Menschen an Krebs. Dr. Gudrun Zürcher von der Medizinischen Universitätsklinik in Freiburg schätzt, dass 30 % aller Krebsfälle vermieden werden könnten, wenn die Menschen gesünder essen würden.

Mittlerweile ist zweifelsfrei belegt, dass pflanzliche Nahrung bei der Verhütung von Krebs eine zentrale Rolle spielt. So wurde in mehreren Studien bestätigt, dass Vegetarier im Vergleich zur durchschnittlichen Bevölkerung ein um die Hälfte reduziertes Krebsrisiko haben. Mittlerweile hat sich jedoch herausgestellt: Die schützende Wirkung der vegetarischen Kost liegt nicht in der strikten Ablehnung von Fleisch. Vielmehr sind es die in Obst und Gemüse enthaltenen Wirkstoffe, die Vegetarier täglich in großen Mengen zu sich nehmen und die in besonderem Maß vor Krebs schützen. Amerikanische Ernährungswissenschaftler haben ermittelt, dass der Krebsschutz direkt mit der Menge des verzehrten Gemüses zusammenhängt.

Obst und Gemüse versorgen den Organismus mit lebenswichtigen Radikalfängern

Die Erklärung für die krebsschützende Wirkung pflanzlicher Kost haben die Wissenschaftler ebenfalls gefunden: Gemüse, Obst und pflanzliche Öle enthalten große Mengen von Antioxidantien – insbesondere Vitamin C, Vitamin E und Beta-Carotin (Vorstufe von Vitamin A). Genau diese Radikalfänger sind es, die im Rahmen der orthomolekularen Medizin mit Erfolg nicht nur zur Vorbeugung, sondern auch zur Behandlung von Krebs eingesetzt werden! Hinzu kommt, dass diese so wichtigen Schutzfaktoren in pflanzlicher Nahrung in einer besonders bekömmlichen Form vorliegen und vom Organismus viel leichter verwertet werden können als künstlich hergestellte Vitaminpräparate. Tatsächlich haben Ärzte wiederholt beobachtet: Menschen, die sich überwiegend von pflanzlicher Kost ernähren, haben in ihrem Blut deutlich höhere Konzentrationen von krebsschützenden Radikalfängern als die durchschnittliche Bevölkerung.

Sie können Ihr persönliches Risiko, z. B. an Lungenkrebs zu erkranken, allein dadurch um ganze 50 % senken, wenn Sie statt 150 g täglich 400 g Gemüse verzehren. Besonders wirksam schützen Tomaten, Karotten, Kohl, Brokkoli, Äpfel und Zitrusfrüchte vor Krebs. Auch der regelmäßige Verzehr von Nüssen, Oliven, Sonnenblumenkernen und pflanzlichen Ölen kann Krebs verhindern.

Pflanzenstoffe hemmen die Krebsausbreitung

Neben den bereits gut erforschten Antioxidantien haben Wissenschaftler in pflanzlicher Nahrung noch eine ganze Reihe weiterer Inhaltsstoffe gefunden, die offenbar vor Krebs schützen. Dazu zählen unter anderem Indolverbindungen, die in Kohl enthalten sind, Terpene, die in Zitrusfrüchten und einigen Gewürzarten vorkommen, sowie schwefelhaltige Verbindungen aus dem Knoblauch.

Die meisten Gemüse- und Obstsorten sind darüber hinaus reich an verschiedenen Mineralstoffen und Phytohormonen (pflanzlichen Hormonen). Diese Substanzen können auf unterschiedliche Weise in die Entstehung und das Wachstum von Tumoren eingreifen: So sind Mineralstoffe häufige Kofaktoren von Entgiftungsenzymen, die an der „Entschärfung" von freien Radikalen und anderen krebserregenden Substanzen mitwirken. Andere pflanzliche Wirkstoffe, etwa Phytohormone und Bioflavonoide, können das Wachstum von Tumoren auch direkt bremsen.

Ballaststoffe schützen nicht nur vor Darmkrebs

Auch die unverdaulichen Bestandteile der pflanzlichen Nahrungsmittel, die so genannten Ballaststoffe, sind alles andere als unnötiger „Ballast", denn auch sie tragen viel zum Krebsschutz bei. Es handelt sich um große, faserige Moleküle, die im Darm aus dem Nahrungsmittelbrei zahlreiche Schadstoffe und krebserregende Substanzen aufsaugen und anschließend deren Ausscheidung beschleunigen. Dadurch haben die Schadstoffe keine ausreichende Gelegenheit, auf die Zellen der Darmschleimhaut einzuwirken und sie zu schädigen. Aus vielen Untersuchungen geht hervor, dass eine reichliche Aufnahme von Ballaststoffen das Darmkrebsrisiko mindestens um ein Drittel, wenn nicht sogar um die Hälfte reduzieren kann. Außerdem senken Obst und Gemüse, die ja die wichtigsten Ballaststoff-Quellen darstellen, auch das Risiko für Brust- und Lungenkrebs, wie eine britische Studie im Jahr 2005 ergab.

Achten Sie darauf, dass Ihre Nahrung frei von krebserregenden Substanzen ist!

Mit überwiegend pflanzlicher Kost allein ist der Krebsschutz natürlich noch nicht garantiert: Achten Sie auch auf die Qualität Ihrer Nahrungsmittel:

Bevorzugen Sie **frische Nahrungsmittel** möglichst aus der Region. Obst und Gemüse, das über lange Transportwege angeliefert wird, ist meistens mit Konservierungsmitteln behandelt worden. Besonders günstig ist es, wenn Sie Ihre Grundnahrungsmittel direkt vom Erzeuger holen und sich von deren Qualität überzeugen können – am besten aus biologischem Anbau.

Auch im Supermarkt können Sie **schadstoffarme Nahrungsmittel** einkaufen. Allerdings stammt nicht jedes Produkt, auf dem „biologisch" steht, wirklich aus kontrolliertem Anbau. Erkundigen Sie sich im Zweifelsfall bei der Verbraucherzentrale, welche Marken wirklich schadstoffarm sind.

Verwenden Sie im eigenen Obst- und Gemüsegarten **keine chemischen Unkraut- und Schädlingsbekämpfungsmittel**! Rückstände dieser gefährlichen Wirkstoffe sind meistens auch im geernteten Obst und Gemüse enthalten.

Schränken Sie den Verzehr von **gepökelten und geräucherten Lebensmitteln** ein – sie enthalten potenziell krebserregende Substanzen. So behandelte Lebensmittel sollten Sie auch nicht braten oder backen – darin enthaltene Inhaltsstoffe verwandeln sich durch die Hitze in krebserregende Nitrosamine.

Vermeiden Sie auch bei der Zubereitung anderer Speisen die Entstehung krebserregender Stoffe: **Braten** Sie die Lebensmittel nicht zu scharf an und verhindern Sie beim **Grillen**, dass Fett und Öl in die Glut tropft – auch dabei entwickeln sich Karzinogene.

Achten Sie darauf, dass Sie keine verdorbenen, insbesondere keine **angeschimmelten Lebensmittel** zu sich nehmen. Die von Schimmelpilzen freigesetzten Giftstoffe (Aflatoxine) zählen zu den gefährlichsten Krebsauslösern.

Ernährungswissenschaftler empfehlen zur Vorbeugung:
- täglich 200 bis 250 g Gemüse oder 300 bis 400 ml Gemüsesaft
- ein- bis dreimal täglich Obst oder 200 ml Obstsaft
- reichlich Getreide- und Vollkornprodukte
- wenig tierische und reichlich pflanzliche Fette

Übergewicht begünstigt das Krebswachstum

Britische Wissenschaftler haben festgestellt, dass Menschen, die in ihrer Kindheit zu reichlich gegessen haben, in ihrem späteren Leben häufiger an Krebs erkranken. Vermutlich führt eine erhöhte Kalorienzufuhr – insbesondere im Kindesalter – zu einer intensiveren und rascheren Teilung der Körperzellen. Dabei kann es häufiger zu Mutationen kommen, die dann nach Jahren oder Jahrzehnten einen Krebs entstehen lassen können.

Sie müssen nicht unbedingt vegetarisch leben, wenn Sie sich wirksam vor Krebs schützen wollen. Es reicht völlig aus, wenn Sie von überwiegend fett- und fleischhaltiger Ernährung auf vorwiegend pflanzliche Kost mit viel Obst, Gemüse und Vollkornprodukten wechseln. ■

Gemüse schützt vor Krebs

Wer sich vorwiegend pflanzlich ernährt, reduziert sein Krebsrisiko um bis zu 30 %.

Der PSA-Test auf Prostatakrebs ist nicht zuverlässig – Machen Sie ihn immer zweimal!

Auch Entzündungen und körperliche Anstrengungen können den Testwert in die Höhe treiben

Jedes Jahr erkranken rund 22.000 Männer in Deutschland an Prostatakrebs. Anlass für viele Ärzte und Patienten, die Einführung des Früherkennungstests PSA auf Krankenschein zu fordern. Doch kann dieser einfache und preiswerte Test wirklich Leben retten, wie die Befürworter in großen Pressekampagnen versichern? Selbst aus der Schulmedizin kommen kritische Stimmen. Wir stellen Ihnen die Vor- und Nachteile dieses Testverfahrens dar. Außerdem zeigen wir Ihnen, wie Sie mit einer pflanzenbetonten Ernährung Ihr Krebsrisiko deutlich senken können.

Prostatakrebs zeigt keine eindeutigen Frühsymptome

Im Gegensatz zur gutartigen Prostatavergrößerung (medizinisch: benigne Prostatahyperplasie, BPH), die sich durch erschwertes Wasserlassen bemerkbar macht, verursacht ein beginnender Krebs der Vorsteherdrüse keine eindeutigen Symptome. Das liegt daran, dass zunächst nur ein kleiner Teil der Drüse betroffen ist: in 80 % der Fälle die rückwärtige Wand der Kapsel, die das walnussgroße Organ unterhalb der Blase umschließt (siehe Abb. auf Seite 129). Erst im fortgeschrittenen Stadium treten leichte Blutspuren im Urin, Druckgefühle oder Schmerzen auf. Allerdings führt auch der Prostatakrebs wie alle anderen Krebserkrankungen häufig zu unspezifischen Beschwerden.

Zu den allgemeinen Krebsfrühzeichen zählen:

- ungewohnte Müdigkeit
- körperlicher und geistiger Leistungsknick
- leicht erhöhtes Fieber
- Nachtschweiß
- ungewollter Gewichtsverlust

Bei diesen Beschwerden sollten Sie sich unbedingt von Ihrem Hausarzt durchchecken lassen. Die meisten Prostatakrebse werden bei der

Tastuntersuchung entdeckt, die zu der Vorsorgeuntersuchung beim Urologen gehört, auf die jeder Mann ab 45 ein Anrecht hat. Dabei tastet der Arzt durch den Darm die Rückwand der Prostata ab. Ist ihre Oberfläche knotig verdickt, kann Krebs vorliegen.

Doch dann ist die Erkrankung schon fortgeschritten. Daher setzen viele Ärzte auf die Messung des prostataspezifischen Antigens (PSA), eines Eiweißstoffs, der bei Krebs meist erhöht und im Blut nachweisbar ist. Doch leider ist der Test kein zuverlässiger Krebsanzeiger. Der PSA-Normalwert von 4 ng/ml kann auch durch andere Einflüsse erhöht sein.

Diese anderen Faktoren können den PSA-Wert erhöhen:

- gutartige Prostatavergrößerung (BPH)
- Entzündung der Prostata
- andere fieberhafte Erkrankungen
- körperliche Anstrengung, v. a. Radfahren und Sex

Knoten in der Prostata weisen auf Krebs hin

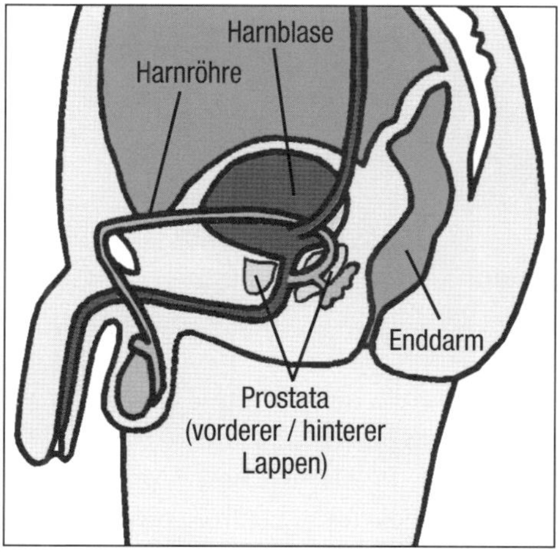

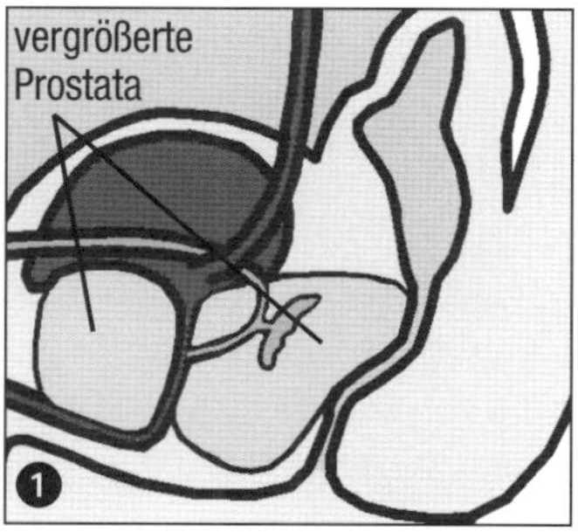

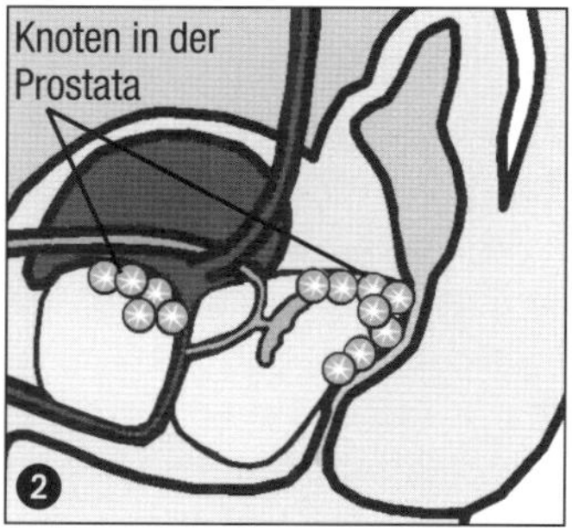

Die walnussgroße Prostata (Vorsteherdrüse) umschließt die Harnröhre unterhalb der Blase. Bei einer gutartigen Vergrößerung (1) ist die gesamte Drüse verdickt, aber mit glatter Oberfläche. Haben sich dagegen kleine Knoten gebildet (2), deutet dies auf Krebs hin.

Das sorgt bei vielen Männern für große Besorgnis, da manche Ärzte diese Information nicht deutlich genug geben. Falls Ihr PSA-Wert erhöht sein sollte, ist das noch kein Grund zur Panik. Warten Sie zwei Wochen, in denen Sie auf körperliche Anstrengung verzichten, und lassen Sie dann nochmals Ihren PSA-Wert bestimmen. Erst wenn dieser erhöht ist, sollte eine weitere Abklärung per Ultraschall und Biopsie erfolgen. Computer- oder Kernspintomografie sind nicht angezeigt, da sie keine zusätzlichen Informationen liefern. Sollte tatsächlich ein Krebs vorliegen, stehen mehrere Therapien zur Auswahl.

Unser Rat: Beraten Sie sich ausführlich mit Ihrem Arzt. Falls Ihr Vater oder Ihr Großvater an Prostatakrebs erkrankt waren, sollten Sie diesen Test unbedingt in Erwägung ziehen. Auf jeden Fall sollten Sie aber Ihre Vorbeugung verbessern.

Diese Therapien werden am häufigsten angewendet:

- **komplette Entfernung der Prostata.** Vorteil: hohe Heilungschance von 70 %; Nachteil: Erektionsstörungen, Inkontinenz
- Implantation von Minikapseln mit radioaktiven Stoffen (Seeds) zur **Bestrahlung von innen**. Vorteil: Erhalt der Erektionsfähigkeit; Nachteil: geringere Heilungsquote
- **Hochfrequenter Ultraschall** (HIFU). Vorteil: keine Operation; Nachteil: keine Langzeiterfahrungen, nur in Hamburg-Barmbek, München-Harlaching und Uniklinik Regensburg angewendet
- **Hormontherapie** mit Testosteronblockern oder Östrogenen. Vorteil: keine Operation, Verlangsamung des Krebswachstums; Nachteil: Verlust von Erektionsfähigkeit und Libido, Resistenzentwicklung gegen die Mittel

An diesen Therapien setzen auch die kritischen Stimmen an: Denn nach Ansicht des Deutschen Netzwerks Evidenzbasierte Medizin (DNEbM) in Berlin ist über den natürlichen Verlauf der Prostatakrebserkrankung noch zu wenig bekannt. Nicht selten wächst dieser Krebs, der testosteronabhängig ist, sehr langsam, weshalb mit einer Therapie durchaus abgewartet werden könne („wait-and-see"-Strategie). Ein solches Abwarten wollten aber viele Urologen ihren Patienten nach einem positiven PSA-Test nicht zumuten und neigten deshalb zur Übertherapie: So werde operiert oder bestrahlt, obwohl sich der Krebs kaum ausbreite. Zudem hätten die bisherigen epidemiologischen Studien nicht bewiesen, dass flächendeckende PSA-Tests die Sterblichkeit an dieser Krebsart verringerten, kritisierten die Professoren Dr. Jürgen Windeler und Dr. Matthias Perleth in einer Stellungnahme des Netzwerks.

Die beste Vorbeugung: frische Kost mit viel Gemüse

Mit frischem Gemüse und Obst nehmen Sie nicht nur reichlich zellschützende Vitamine und Mineralstoffe zu sich, sondern auch wichtige sekundäre Pflanzenstoffe. An erster Stelle sei hier der Farbstoff Lycopin genannt, der Tomaten, Paprika, Kürbis und Aprikosen ihre leuchtende gelbe bzw. rote Farbe verleiht. Lycopin wird am besten aus gekochten Früchten resorbiert. Das gilt auch für das zellschützende Beta-Carotin in Karotten. Essen Sie daher mindestens zweimal pro Woche gekochte Karotten- und Tomatengerichte.

Nehmen Sie auch täglich 50 µg organisch gebundenes Selen (z. B. Selenmethionin oder Selencystein) als Fertigpräparat ein, da unsere Nahrung nur sehr wenig von diesem wichtigen Krebsschützer enthält. ■

Soja und Leinsamen liefern Ihnen schützende Phytoöstrogene

Zu den sekundären Pflanzenstoffen zählen auch die Phytoöstrogene, die als hormonähnliche Stoffe die krebsfördernde Testosteronwirkung möglicherweise blockieren können. Obwohl frei verkäufliche Fertigpräparate kräftig beworben bewerden, existiert bislang keine Studie, die die krebsschützende Wirkung dieser Produkte wirklich belegt. Nehmen Sie daher Phytoöstrogene in ihrer natürlichen Form zu sich: Essen Sie viel Sojaprodukte, Hülsenfrüchte und Leinsamen. Damit erhalten Sie auch die wichtigen Ballaststoffe, die für regelmäßigen Stuhlgang sorgen und so der Speicherung von krebsfördernden Verdauungstoxinen vorbeugen.

Mit 5 Portionen Gemüse und Obst beugen Sie vor

- **morgens**: 1 Portion Früchte der Saison, z. B. Äpfel, Birnen, Erdbeeren, Johannisbeeren, Himbeeren, Aprikosen
- **vormittags**: 1 Portion rohes Gemüse, z. B. Kohlrabi, Gemüsepaprika, Radieschen
- **mittags**: 1 Portion grüner oder gemischter Salat
- **nachmittags**: nochmals 1 Portion Früchte der Saison
- **abends**: 1 Portion gekochtes Gemüse, z. B. Tomaten

1 Portion entspricht der Menge, die in Ihre Hand passt, oder einem Glas Saft.

Wann eine Mammografie für Sie wirklich sinnvoll sein kann

Lassen Sie sich nicht von Ihrem Arzt oder der Krankenkasse unter Druck setzen – entscheiden Sie selbst!

Haben auch Sie kürzlich eine Einladung von der Kooperationsgemeinschaft Mammografie zur Röntgen-Reihenuntersuchung Ihrer Brust erhalten – und wissen nicht, ob Sie sich dieser Untersuchung unterziehen sollen? Viele Frauen zwischen 50 und 69 Jahren, die jetzt Anrecht auf die neuen kostenlosen Reihenuntersuchungen auf Brustkrebs haben, fühlen sich verunsichert und oft auch verängstigt. Wir können Ihnen die Entscheidung zwar nicht abnehmen, aber Ihnen einige wichtige Informationen als Grundlage dazu geben.

Die Mammografie identifiziert auch Minitumore

Die Mammografie, so teilt das Deutsche Krebsforschungsinstitut (DKFZ) in Heidelberg mit, gilt derzeit als beste Methode zur Früherkennung von Brustkrebs.

Das sind die Vorteile der Mammografie:

- Sie macht auch sehr kleine, nicht tastbare Tumore und Kalkablagerungen (u. U. Vorstufen von Krebs) in einem frühen Stadium sichtbar.
- Sie erhöht die Heilungschancen: Bei einer Größe bis zu 1 cm liegen diese nach DKFZ-Angaben statistisch bei 90 %, bei einer Größe von 2 bis 3 cm nur noch bei 60 %.

Zwei wichtige Argumente für eine Mammografie

Ziehen Sie eine Mammografie ernsthaft in Erwägung, wenn

- Sie ein erhöhtes erbliches Risiko haben (v. a. wenn Ihre Mutter oder Schwester vor dem 40. Lebensjahr an Brustkrebs erkrankt sind),
- Sie über mehrere Jahre Hormone (Pille oder Hormonersatz-Therapie) eingenommen haben, da diese Ihr Brustkrebsrisiko erhöhen können.

Da die Mammografie jedoch nicht alle Tumore erfasst, sollten Sie bei sehr starken Ängsten vor einer Brustkrebserkrankung mit Ihrem Arzt besprechen, ob Sie sich besser der **genaueren Kernspintomografie** unterziehen. Diese müssen Sie allerdings aus eigener Tasche bezahlen (ca. 400 €).

In den Modellprojekten zum Mammografie-Screening wurde bei einer von 100 Teilnehmerinnen tatsächlich Brustkrebs entdeckt, wobei mehr als ein Drittel der Tumore kleiner als 1 cm war. Damit kann die Mammografie-Reihenuntersuchung tatsächlich Leben retten.

Nicht alle Tumore werden entdeckt

Leider erlaubt die Mammografie keine hundertprozentig sichere Diagnose. Sie kann sowohl falschen Alarm geben als auch trügerische Sicherheit vermitteln.

Das sind die Nachteile des Mammografie-Screenings:

- Falsch-positive Befunde: Nach DKFZ-Berechungen 25 % innerhalb von 20 Jahren, d. h. jede vierte Frau wird innerhalb von 20 Jahren wegen falschen Alarms zur Nachuntersuchung einbestellt.
- Treffsicherheit von maximal 75 %, d. h. 25 % der zum Zeitpunkt der Mammografie vorhandenen Tumore werden nicht entdeckt.
- Erhöhte Krebsgefahr durch die Röntgenstrahlung (DKFZ: ein tödlicher Brustkrebs pro 1.000 Frauen zusätzlich).

Außerdem besteht die Möglichkeit, dass schnell wachsende Tumore vom Screening nicht erfasst werden.

Viele Frauen fürchten auch, dass sie im Falle von Minitumoren (In-situ-Tumore), die sich möglicherweise gar nicht weiterentwickeln, zu belastenden Chemotherapien gezwungen werden. Solchen Therapien müssen Sie sich aber nicht unterziehen. Hier könnten Sie zunächst auch eine biologische Immuntherapie (z. B. nach Dr. Reckeweg oder Professor Enderlein) versuchen – natürlich unter engmaschiger Kontrolle des Tumorverhaltens per Mammografie oder Kernspintomografie bei einem Arzt Ihres Vertrauens.

Lassen Sie sich Zeit bei Ihrer Entscheidung, holen Sie sich Rat, z. B. bei einem Arzt Ihres Vertrauens oder bei Beratungsstellen (siehe Rat & Info auf Seite 159).

Unser Extra-Tipp: Wenn Sie sich für eine Mammografie entscheiden, sollten Sie einen Tag vor und unmittelbar nach der Untersuchung jeweils 5 Streukügelchen des homöopathischen Mittels Bellis perennis C 30 einnehmen. Dieses Mittel fördert die Erholung Ihres Brustgewebes von der Quetschung während der Untersuchung. ■

Naturheilverfahren sind wichtige Begleittherapien im Kampf gegen Krebs

Die besten Chancen hat der Patient, wenn alle verfügbaren Therapien angewendet werden

Mitte der 90er Jahre ging das Bild der krebskranken kleinen Olivia um die Welt: Das grenzenlose Vertrauen ihrer Eltern in einen Arzt, der das Kind mit obskuren „alternativen" Verfahren heilen wollte und rigoros vor einer schulmedizinischen Behandlung warnte, kostete das Mädchen beinahe das Leben. Erst als der Tumor die Größe eines Fußballs erreichte, ließ die Mutter eine Operation und Bestrahlung zu. Ein halbes Jahr später war Olivia geheilt und konnte wieder zur Schule gehen. So viel Glück hatte der krebskranke Dominik nicht, dessen Eltern einem selbst ernannten Vitalstoff-Papst blind folgten: Das Kind starb im Herbst 2004 an seinem riesigen Tumor.

Skandale wie dieses sind es, welche die Naturheilverfahren in Misskredit bringen und der „Schulmedizin" vermeintliche Gegenargumente liefern. Doch nicht die natürlichen Behandlungsmethoden sind zu verurteilen, sondern verantwortungslose Therapeuten, die die Kranken zu überzeugen versuchen, dass konventionelle Therapien bei Krebs unnötig seien und durch zum Teil mehr als umstrittene Außenseitermethoden ersetzt werden könnten.

Am Anfang steht meist die Operation

Mit den Verfahren der Naturheilkunde allein kann Krebs in aller Regel nicht geheilt werden. Das bedeutet jedoch nicht, dass sie unnötig oder überflüssig wären. Krebs ist eine tief greifende, schwere chronische Krankheit, die mit allen zur Verfügung stehenden Maßnahmen bekämpft werden muss. Der Körper braucht jede Unterstützung, um diesen Kampf für sich entscheiden zu können. Die konventionelle Behandlung von Krebs mit „Stahl, Strahl und Chemotherapie" allein stellt eine unverzichtbare, aber keine ausreichende Versorgung der Kranken dar.

Am Anfang der konventionellen Krebstherapie steht in den meisten Fällen die Operation. Der Chirurg bemüht sich, möglichst viele Krebszellen zu entfernen. Die Vernichtung der restlichen Krebszellen muss das Immunsystem übernehmen. Ist dieses noch zu geschwächt, wächst der Tumor wieder nach, und der Patient erleidet einen Rückfall (Rezidiv). Um dies zu verhindern, werden die meisten Patienten nach der Operation vorsorglich mit Strahlen- oder Chemotherapie (manchmal auch mit beidem) behandelt.

Wie alle schnell wachsenden Zellen reagieren auch Krebszellen auf Röntgenstrahlen und Zytostatika (wachstumshemmende Medikamente) viel empfindlicher als die meisten gesunden Körperzellen. Dieser Unterschied wird bei der Suche nach der optimalen Strahlen- beziehungsweise Zytostatika-Dosis ausgenutzt. Es handelt sich dabei um eine regelrechte Gratwanderung: Ist die verabreichte Dosis zu niedrig, bleiben die Krebszellen unbehelligt – ist sie zu hoch, werden die gesunden Zellen des Patienten mit geschädigt.

Durch konventionelle Therapien wird das Immunsystem geschwächt

Selbst bei einer optimalen Dosis leidet das Immunsystem des Patienten sehr unter der Strahlen- oder Chemotherapie. Die Immunzellen gehören nämlich ebenfalls zu den schnell wachsenden Zellen und reagieren deshalb auf diese Behandlungsmaßnahmen beinahe genauso empfindlich wie die Krebszellen. So kann es geschehen, dass nach der Bestrahlung oder Chemotherapie ein schwerer, mitunter lebensbedrohlicher Mangel an weißen Blutkörperchen eintritt. Deshalb sind begleitende Therapiemaßnahmen dringend erforderlich, die das geschädigte Immunsystem so schnell wie möglich wieder aufbauen. Nur dann hat der Patient die besten Chancen, wirklich von seinem Krebs geheilt zu werden.

1996 hat die Deutsche Gesellschaft für Onkologie eine Stellungnahme veröffentlicht. Darin sprachen sich die rund 300 Mitglieder der Gesellschaft – überwiegend Ärzte der „klassischen“ Therapieausrichtung – unmissverständlich dafür aus, dass ergänzende (komplementäre) und unterstützende (adjuvante) Naturheilverfahren einen festen Platz in der Krebstherapie erhalten sollen.

Naturheilverfahren sollten von Anfang an die konventionelle Behandlung begleiten

Die ergänzenden Naturheilverfahren sollten möglichst gleich nach der Operation eingeleitet werden: Die Wunde heilt dann leichter ab, und der Patient kann sich von dem Eingriff schneller erholen. Vor und während der Bestrahlung oder der Chemotherapie sind dann die unterstützenden Heilmaßnahmen dringend erforderlich, damit das Immunsystem des Kranken vor den Nebenwirkungen weitestgehend geschützt wird.

Nach Abschluss der Bestrahlungen oder der Chemotherapie überlässt die klassische Medizin den Patienten häufig sich selbst. Er gilt als „vorläufig ausgeheilt“ und wird oft lediglich zu Nachsorgeuntersuchungen einbestellt. Doch der geschwächte Organismus und die stark mitgenommene Psyche des Patienten brauchen gerade in der ersten Zeit nach der Erkrankung, eine umfassende unterstützende Behandlung: Es gilt, Körper und Geist so schnell wie möglich zu stärken und wieder fit zu machen. Erst dann sind die Aussichten wirklich gut, dass der Krebs nicht nur vorläufig, sondern auch dauerhaft geheilt ist.

Die Funktionsdiagnostik zeigt, wie der Körper seine Funktionen „im Griff" hat

Bevor der Therapeut die begleitenden Behandlungsmaßnahmen einleitet, wird er vermutlich eine Funktionsdiagnostik vornehmen. Bei diesem Verfahren wird geprüft, ob und wie gut der Körper des Patienten noch in der Lage ist, die wichtigsten Funktionen selbst zu regulieren. Am häufigsten werden zu diesem Zweck die Elektroakupunktur oder die Regulationsthermographie angewendet. Wenn das Resultat der Funktionsdiagnostik darauf hinweist, dass bei dem Kranken bestimmte Regulationsvorgänge gestört sind, müssen die zugrunde liegenden Ursachen behoben werden. Der Therapeut kann dies im individuellen Behandlungsplan des Patienten berücksichtigen und entsprechende Maßnahmen einleiten.

Stimulierung des Immunsystems – die wichtigste Aufgabe der begleitenden Therapie

Die Stärkung des Immunsystems ist das unverzichtbare Kernstück jeder wirksamen begleitenden Tumortherapie: Eine aktive körpereigene Abwehr ist die beste Absicherung gegen ein erneutes Tumorwachstum.

Neben der mittlerweile auch von der „klassischen“ Medizin anerkannten Misteltherapie (Seite 143) werden in der Naturheilkunde auch die Thymustherapie (Seite 144), Eigenblutbehandlungen und kurmäßige Behandlungen mit Echinacea-Präparaten (Roter Sonnenhut) angewendet.

> *Die Steigerung der Abwehrkräfte mit Echinacea ist sehr wirksam, doch sie kann auch unerwünschte Nebenwirkungen haben. Deshalb wird diese Behandlung nur viermal im Jahr jeweils für die Dauer von vier Wochen empfohlen.*

Enzym- und Ozontherapie lindern die Nebenwirkungen von Operationen

Durch die Behandlung mit Enzymen können die Nebenwirkungen der konventionellen Therapie (etwa Schwellungen nach der Operation) gelindert werden. Noch wichtiger ist, dass eine konsequent durchgeführte Enzymtherapie die Gefahr von Metastasen deutlich reduzieren kann (siehe Seite 146). Die Enzymbehandlung sollte kurmäßig über einige Jahre hinweg wiederholt werden.

Die Ozontherapie wird in der Naturheilkunde mit gutem Erfolg zur Linderung von Nebenwirkungen der Strahlen- oder Chemotherapie eingesetzt. Häufig kann dadurch ein lebensbedrohlicher Abfall der Leukozytenzahl verhindert werden, sodass eine Weiterbehandlung mit der erforderlichen Zytostatika- oder Strahlendosis möglich ist.

Orthomolekulare Medizin – Vitalstoffe zur Bekämpfung des Tumors

Der Organismus eines Tumorpatienten braucht ein Vielfaches der sonst empfohlenen Tagesdosen an Vitaminen, Mineralstoffen und Spurenelementen, um die körpereigene Abwehr auf Hochtouren bringen zu können. Im Rahmen der orthomolekularen Medizin werden insbesondere die Vitamine C und E, Beta-Carotin, Bioflavonoide (pflanzliche Wirkstoffe) sowie die Spurenelemente Selen und Zink in deutlich höheren Mengen verordnet, als die Deutsche Gesellschaft für Ernährung der gesunden Bevölkerung empfiehlt.

Die Behandlung mit diesen Vitalstoffen kann schon bald nach der Operation beginnen. Während der Strahlentherapie ist eine

Ganzheitliche Krebstherapie

Durch den konzentrierten Einsatz aller verfügbaren Therapien kann der Tumor am erfolgreichsten bekämpft werden.

zusätzliche Steigerung der Vitamingaben sinnvoll: Die vielen freien Radikale, die während der Bestrahlung im Organismus entstehen, können dann effizienter neutralisiert werden.

Hoch dosierte Vitamine und Spurenelemente sollten Patienten niemals „auf eigene Faust" einnehmen. In großen Mengen zugeführt, können auch Vitamine schwerwiegende Nebenwirkungen haben. Deshalb sollte der Therapeut die erforderlichen Dosen bestimmen.

Naturbelassene, vitaminreiche Kost unterstützt die Genesung

Zusätzlich zur orthomolekularen Therapie muss eine ausgewogene und ballaststoffreiche Vollwerternährung für den Nachschub an Vitaminen, Spurenelementen und Mineralstoffen sorgen. Der Organismus des genesenden Patienten ist auf die kontinuierliche Versorgung mit diesen Nährstoffen besonders angewiesen! Wenn möglich, sollten nur frische, naturbelassene Nahrungsmittel aus kontrolliertem biologischen Anbau auf den Tisch kommen. Industriell gefertigte Produkte enthalten viele Zusätze, die für den genesenden Organismus nicht bekömmlich sind (siehe Seite 126)!

Besonders wichtig ist, dass die Nahrung des Krebspatienten weitgehend frei von synthetischen Zusätzen ist. Schon ein gesunder Körper leidet unter der Vielzahl an Konservierungsmitteln, künstlichen Aromen und verschiedenen Zusatzstoffen – umso mehr belasten diese Schadstoffe den schwer geprüften Organismus des Tumorpatienten!

Darmsanierung: Wenn der Darm nicht in Ordnung ist, hilft die beste Ernährung nichts

Nur ein richtig funktionierender Darm kann die zugeführten lebensnotwendigen Inhaltsstoffe aufnehmen – andernfalls nutzt die beste Vollwertkost nichts. Von großer Bedeutung für den menschlichen Körper sind die im Darm angesiedelten nützlichen Bakterien: die Darmflora. Ist die Darmflora gestört, leidet der gesamte Organismus. Regelmäßige Untersuchungen der Stuhlproben sind deshalb wichtig; bei Bedarf kann eine Colon-Hydro-Therapie helfen. Auch eine Behandlung mit Bakterienkulturen (Symbioselenkung) ist sinnvoll.

Regelmäßige körperliche Aktivität ist eines der wichtigsten „Medikamente"

Es kann nicht oft genug betont werden, welchen hohen Stellenwert Bewegung und Sport im Leben des Menschen allgemein und bei der Genesung von Kranken im Besonderen einnehmen. Davon sind Tumorkranke nicht ausgenommen: Wer sich regelmäßig körperlich belastet, hat ein schlagkräftigeres und stärkeres Immunsystem. Neben der Aktivierung des Immunsystems werden auch das Herz-Kreislauf-System, der Muskel- und Knochenapparat, der gesamte Stoffwechsel und obendrein auch die Psyche günstig beeinflusst. Das ist besonders für Menschen, die gegen eine Tumorkrankheit ankämpfen, von unschätzbarem Wert.

Krebspatienten sollten mit der Bewegungstherapie unter fachlicher Anleitung so bald wie möglich beginnen, möglichst noch im Krankenhaus. Später ist es günstig, sich einer „Krebssportgruppe" anzuschließen. Hier können Patienten die für sie am besten geeignete Sportart unter kompetenter Anleitung erlernen und betreiben. Darüber hinaus schließen viele Patienten in diesen Gruppen neue Bekanntschaften und finden auch wieder Freude und Spaß am Leben.

Für eine optimale Wirkung auf den gesamten Organismus reichen 20 bis 30 Minuten körperliche Aktivität täglich aus – mehr ist nicht notwendig! Extreme sportliche Leistungen sind ohnehin nicht gefragt und können eher das Gegenteil bewirken. Gut geeignet sind – je nach körperlicher Verfassung – Gymnastik, Schwimmen, Spazierengehen, Wandern, Joggen, Radfahren, Tanzen, Skilanglauf und vieles mehr.

Psychologische Hilfe fördert die Heilung wesentlich

Die meisten Krebspatienten haben durch ihre Erkrankung ein schweres psychisches Trauma erlitten, das verarbeitet und überwunden werden muss. Eine psychologische Betreuung ist für die meisten Patienten eine große Hilfe (siehe Seite 155).

Wenn sich der Patient von den Anstrengungen der ersten, intensiven Behandlungsphasen erholt hat, ist es an der Zeit, eine aktive Entspannungstechnik zu erlernen. Dazu bieten sich verschiedene Möglichkeiten an, zum Beispiel die Progressive Muskelentspannung, Qi Gong oder Autogenes Training.

Die Beseitigung schädlicher Umweltfaktoren ist für Tumorpatienten extrem wichtig

Umweltbelastungen, die ein Gesunder gerade noch „wegstecken" kann, sind für Krebspatienten oft eine ungleich größere Gefahr. Deshalb ist es wichtig, das Umfeld des Patienten – den Wohnbereich, das Trinkwasser – auf mögliche Schadstoffe zu prüfen. Auch eine hohe Belastung durch Elektro-Smog sollte vermieden werden (siehe Seite 47).

Die Entfernung von Amalgam aus Zahnfüllungen kann, muss jedoch nicht erforderlich werden. Es ist wichtig, dass das nur von einem sorgfältig ganzheitlich arbeitenden Zahnarzt durchgeführt wird.

Adressen von ganzheitlich orientierten Zahnärzten in Ihrer Nähe können Sie erfragen bei der Internationalen Gesellschaft für ganzheitliche Zahnmedizin (GZM), Kloppenheimerstr. 10, 68239 Mannheim, Tel.: 0621/48 24 300, Fax: 0621/47 39 49, www.gzm.org (mit Arztliste).

Einige Verfahren können nur in speziellen Einrichtungen durchgeführt werden

Weitere sinnvolle Behandlungsverfahren können oft nur in speziellen Kliniken durchgeführt werden – z. B. die moderne Hyperthermie (Überwärmungstherapie), die Fiebertherapie oder Tumor-Impfungen. Wo sich die Möglichkeit dazu bietet, sollte sie genutzt werden, um gegen den Krebs gleichzeitig an möglichst vielen Fronten anzukämpfen.

Auch die Universitätskliniken öffnen sich immer mehr den naturheilkundlichen bzw. ganzheitlichen Behandlungsansätzen und bieten entsprechende Begleittherapien bei Krebs an. Teilweise verfügen sie sogar über eigene Ambulanzen oder Zentren für Naturheilkunde wie z. B. die Universitätskliniken in Heidelberg, Bonn, Jena und Freiburg. Hier besteht häufig auch die Möglichkeit, an Studien teilzunehmen.

Die konventionellen Tumortherapien und Naturheilverfahren sind, gleichzeitig und aufeinander abgestimmt eingesetzt, ein starkes Team. Ein Therapeut, der dem Patienten die eine oder andere Behandlungsweise vorenthalten will, nutzt nicht alle Möglichkeiten im Kampf gegen den Krebs und kann dem Kranken unter Umständen schweren Schaden zufügen. ■

Die Stärkung der Immunabwehr verbessert die Lebensqualität

Mistelpräparate, Thymusfaktoren und Zellextrakte gelten zurzeit als die erfolgreichsten Mittel

Montags Chemotherapie, mittwochs Mistelinjektionen und freitags Thymusspritzen – in der Krebstherapie ist das inzwischen in vielen Kliniken die normalste Sache der Welt. Dabei ist es gar nicht lange her, dass schulmedizinische Krebstherapeuten und biologisch orientierte Ärzte erbitterte Feinde waren und sich gegenseitig vorwarfen, ihren Patienten zu schaden.

Heute arbeiten beide Richtungen immer mehr zusammen und teilen sich die Aufgaben. Dabei konzentriert sich die biologische Krebstherapie vor allem auf die Nachsorge. Etwa zwei Drittel aller Krebspatienten nehmen heute eine biologische Therapie in Anspruch (siehe auch Abbildung auf Seite 137). Die Möglichkeiten reichen von der allgemeinen Stärkung des Stoffwechsels bis zur spezifischen Aktivierung der körpereigenen Abwehr, der so genannten Immuntherapie, die wir Ihnen hier detailliert vorstellen. Alle Verfahren der biologischen Krebstherapie können und sollten je nach Einzelfall miteinander kombiniert werden.

Jeder Chirurg muss sich auf das Immunsystem verlassen. Denn auch bei bester Operationstechnik bleiben fast immer einige Krebszellen nach der Operation übrig. Sie warten als so genannte „schlafende Zellen" in der Umgebung des alten Tumors auf einen günstigen Moment, um wieder aktiv zu werden und sich zu teilen. Oder sie wandern mit dem Blut bzw. der Lymphe durch den Körper, um sich an weit entfernter Stelle als Metastasen anzusiedeln und Tochtertumoren zu bilden.

Spezielle Abwehrzellen und Botenstoffe bekämpfen den Tumor

Die Aufgabe des Immunsystems ist es, diese übrig gebliebenen Krebszellen aufzuspüren und zu vernichten. Dazu verfügt es über eine Vielzahl von spezialisierten Abwehrzellen aus der Familie der weißen Blutkörperchen (Leukozyten), die in enger Verbindung stehen und über niedermolekulare Botenstoffe aus Eiweiß, den Zytokinen, miteinander kommunizieren.

Wichtige Abwehrzellen und Botenstoffe bei Tumorerkrankungen sind:

- T-Lymphozyten
- natürliche Killerzellen (NK-Zellen)
- T-Helferzellen
- Gedächtniszellen
- B-Lymphozyten
- Makro- und Mikrophagen (Fresszellen)
- dendritische Zellen (Wächterzellen)
- Zytokine (Lymphokine)
- Interleukine
- Interferone
- Tumornekrosefaktoren (TNF)
- Makrophagen aktivierender Faktor (MAF)

Die Immuntherapie, die inzwischen als die Domäne der biologischen Medizin gilt, wirkt direkt auf diese Zellen und ihre Botenstoffe. Dabei aktiviert sie nicht nur die Produktion neuer Immunzellen und Zytokine, sondern trimmt die Abwehrzellen auch auf die Tumorzellen. Denn diese tragen auf ihrer Oberfläche bestimmte Zucker-Eiweiß-Moleküle, so genannte Antigene, die sie als Fremdlinge kennzeichnen.

Das sind die positiven Wirkungen der Immuntherapie:

- bessere Verträglichkeit von Chemo- und Strahlentherapie (Linderung von Übelkeit, Erbrechen, Erschöpfung und Müdigkeit)
- Stärkung des geistig-seelischen Befindens
- Anregung des Appetits
- Normalisierung des gestörten Stoffwechsels
- Vorbeugung gegen körperliche Auszehrung
- schnellere Erholung (Rekonvaleszenz)
- Verhinderung von Rückfällen
- in Einzelfällen sogar Verkleinerungen von inoperablen Tumoren, sodass diese entfernt werden können

Immuntherapie stärkt die Abwehrkräfte

Für eine Immunmodulation, also eine Veränderung der Immunantwort, steht eine ganze Reihe verschiedener Mittel zur Verfügung.

Die erfolgreichsten Mittel zur Stärkung der Immunabwehr sind:

- Mistelextrakte
- Thymusfaktoren
- Zellextrakte und niedermolekulare Ribonukleinsäuren

Hinzu kommt in neuester Zeit auch noch die Tumorimpfung, die sich aber noch in der klinischen Forschungs- und Erprobungsphase befindet. Wie inzwischen in zahlreichen Studien belegt wurde, verbessert eine Immuntherapie nicht nur die Lebensqualität. In Einzelfällen ergab sich auch eine Verlängerung der Überlebenszeit.

Die Misteltherapie hemmt das Tumorwachstum und steigert das Wohlbefinden

Die Verwendung der Mistel (*Viscum album*) stammt aus der anthroposophischen Krebstherapie. Ihre Blätter und Stängel enthalten den Wirkstoff Lektin, der nach heutigem pharmakologischen Wissensstand das Tumorwachstum hemmt, indem er die Krebszellen quasi aneinander klebt, sodass sie sich nicht mehr so leicht teilen können. Außerdem aktiviert Lektin die oben genannten Abwehrzellen und fördert die Ausschüttung der Zytokine. Diese übertragen die Informationen über das Vorhandensein von kranken Zellen von einer Abwehrzelle zur anderen und verstärken so den Abwehrprozess: Die natürlichen Killer- und die Fresszellen werden angelockt, um die verklebten Zellen zu zerstören.

Außerdem gilt inzwischen als gesichert, dass Mistel-Lektin die Produktion von ß-Endorphinen – das sind körpereigene Glücksstoffe und Schmerzdämpfer – anregt. Die Patienten fühlen sich wohler, ihre Stimmung ist fröhlicher und damit auch ihre Motivation, die Krankheit zu überwinden. Nach Angaben der Gesellschaft für biologische Krebsabwehr haben 45 von 47 Studien eine Wirksamkeit von Mistelpräparaten bei Krebs ergeben. Mistelpräparate werden in der Regel zwei- bis dreimal wöchentlich unter die Haut gespritzt, meist im Bauchbereich. Nach einer Anlernphase nehmen die meisten Patienten die Injektion selbst vor.

Bestimmte Nebenwirkungen sind bei der Misteltherapie erwünscht

Bis auf vorübergehende Rötungen mit leichtem Juckreiz, Brennen oder kleinen Schwellungen an der Einstichstelle hat die Misteltherapie normalerweise keine Nebenwirkungen. Diese sind sogar erwünscht, weil sie eine Reaktion auf das Mittel anzeigen.

Mehr als 60 % aller Krebspatienten bekommen heute zusätzlich Mistelpräparate. Die Präparate sind verschreibungsfähig, d. h., die Kosten werden von den Krankenkassen übernommen. Allerdings scheuen sich manche Ärzte vor der Verordnung der sehr teuren Mittel, um ihr Arzneimittelbudget zu schonen. In solchen Fällen ist eine Rücksprache mit der Krankenkasse zu empfehlen.

Thymusmittel verbessern die Kommunikation der Abwehrzellen

Die Thymusdrüse hinter dem Brustbein gilt als Bildungsort und Schule für die T-Lymphozyten. Hier „lernen" diese weißen Blutkörperchen, ganz gezielt Erreger und kranke Körperzellen zu erkennen, für die Fresszellen zu markieren und sogar selbst zu zerstören.

Die Thymusdrüse produziert etwa 40 verschiedene Thymusfaktoren. Bei Kindern ist diese Drüse am aktivsten, im Erwachsenenalter läßt ihre Produktion langsam nach. Die Thymusfaktoren regen die Neubildung von T-Lymphozyten im Knochenmark an und sorgen für ihre Spezialisierung, aktivieren bereits geschulte Zellen im Blut und verbessern die Kommunikation der Abwehrzellen untereinander. Weniger Thymusfaktoren bedeuten auch geringere Abwehrbereitschaft. Tierische Thymusfaktoren, aus den Thymusdrüsen junger Kälber gewonnen, können den altersbedingten Mangel ausgleichen und die Abwehr wieder hochfahren.

Biologische Krebstherapeuten empfehlen, mit der Thymustherapie bereits vor der Ope-

Verfahren der biologischen Krebstherapie

- Misteltherapie
- Thymuspräparate
- Zellextraktpräparate
- Tumorimpfung
- Enzymtherapie
- Ozontherapie
- orthomolekulare Medizin
- Hyperthermie
- mikrobiologische Therapie (Darmsanierung)
- Lektinblockade

ration zu beginnen, um das bereits geschwächte Immunsystem zu stärken. Gewöhnlich werden die Mittel zweimal pro Woche gespritzt. Dabei hat sich ein Wechsel mit Mistelinjektionen bewährt: Thymusfaktoren regen die Neubildung von Abwehrzellen an, die Lektine der Mistel aktivieren sie anschließend. Vor und nach einer Chemotherapie sollte jedoch eine Pause von 2 bis 3 Tagen eingehalten werden, da die Zellgifte der Chemotherapie auch die Abwehrzellen angreifen und somit die Injektionen keine Wirkung hätten.

Thymusfaktoren werden kurmäßig verabreicht

Eine Thymuskur dauert in der Pflege sechs Wochen. Anschließend folgt eine vierwöchige Pause, bis der neue Anwendungszyklus beginnt. Bei Krebserkrankungen des blutbildenden Systems wie Leukämien sollten Thymusfaktoren nicht gegeben werden, da sie die Bildung von Tumorzellen fördern könnten. Die Nebenwirkungen entsprechen weitgehend denen der Misteltherapie, in Einzelfällen sind allergische Reaktionen möglich. Dann sollte das Präparat abgesetzt werden. Eine Thymustherapie kostet ca. 450 bis 1.000 € pro Halbjahr. Leider übernehmen immer weniger Krankenkassen diese Kosten.

Biologische Krebstherapien verbessern die Lebensqualität der Patienten

Krebszelle eines Lungen-Karzinoms

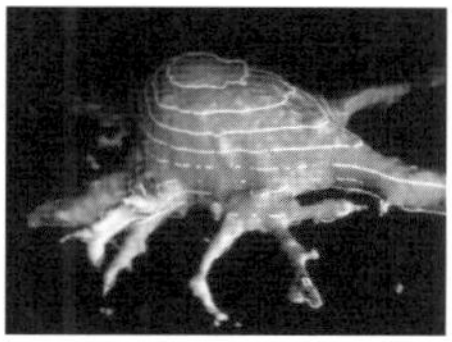

Subjektive Befindlichkeit vor/nach Thymustherapie

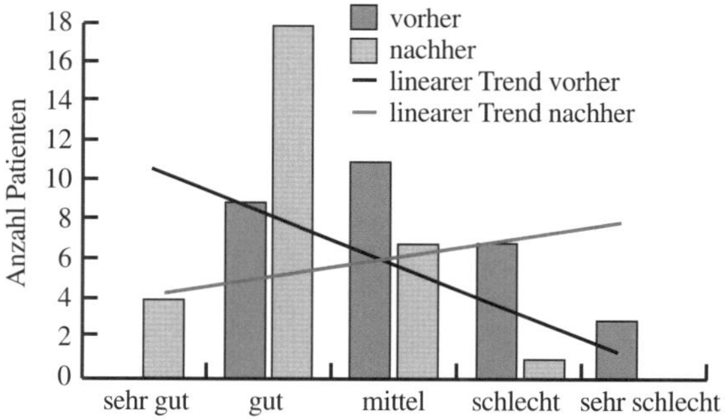

Die Grafik zeigt den Einfluss der Thymustherapie auf die subjektive Befindlichkeit von Krebspatienten. Nach der Therapie fühlt sich ein größerer Teil der Patienten gut oder sogar sehr gut.

Quelle: Deutsches Krebsforschungszentrum, Heidelberg dkfz

Zellextraktpräparate sorgen für eine erhöhte Neubildung von Abwehrzellen

Neben dem Thymus ist die Milz das zweite wichtige Organ für die Aktivierung und Reifung der Abwehrzellen, hier vor allem der B-Lymphozyten (weiße Blutkörperchen). Diese produzieren Antikörper, die sie ins Blut abgeben, damit sie dort fremde Eindringlinge wie Bakterien und Viren sowie kranke Körperzellen erkennen und markieren. Killerzellen aus der T-Lymphozytenfamilie und Fresszellen können sie dann leichter erkennen und zerstören.

Die Aktivität der Milz wird von bestimmten Eiweißstoffen, den Milzpeptiden, in Gang gesetzt. Bei schweren Erkrankungen wie Krebs reicht der Nachschub an diesen Peptiden jedoch nicht aus. Deshalb gibt die biologische Krebsmedizin tierische (xenogene) Organpeptide, die vor allem aus der Milz von Schweinen gewonnen werden.

Ähnlich wie bei den Thymuspräparaten wurden eine gesteigerte Neubildung von Abwehrzellen aller Art sowie eine Verbesserung der Kommunikation zwischen den verschiedenen Abwehrzellen (z. B. B- und T- Lymphozyten, Killerzellen, Freßzellen) beobachtet. Außerdem verbessern Zellextrakte die Verträglichkeit der Chemotherapie, indem sie ihre Nebenwirkungen wie Übelkeit, Erbrechen und Müdigkeit abmildern.

BSE-Gefahr durch Zellextrakte?

Die Hersteller von Zellextrakten versichern, dass die verwendeten Kälber aus eigens für medizinische Zwecke gehaltenen und engmaschig kontrollierten deutschen oder argentinischen Beständen stammen und BSE-frei sind. Wie bei allen anderen Behandlungen muss letztlich auch hier der Patient die Entscheidung selbst treffen und das Risiko abwägen.

Wie Mistel- und Thymuspräparate werden auch diese Organextrakte gespritzt, ebenfalls zweimal wöchentlich, allerdings ohne Therapiepause. Die Verträglichkeit gilt als ausgesprochen gut. Um eine eventuelle Überstimulierung der Abwehr zu verhindern, sollte der Immunstatus alle drei bis sechs Monate überprüft werden.

Die Behandlungskosten liegen bei 500 bis 1.000 € pro Halbjahr. Eine Behandlung mit dem langjährig bewährten Präparat NeyTumorinSol®, das verschiedene Extrakte aus Milz, Leber, Plazenta und Nieren enthält, ist mit etwa 7.500 € pro Halbjahr wesentlich teurer, wird im Einzelfall aber auch auf Antrag von manchen Kassen übernommen.

Eiweißspaltende Enzyme bauen die „Tarnkappen" der Krebszellen ab

Seit längerem war bekannt, dass Tumorzellen absterben, wenn sie im Reagenzglas mit dem Blut gesunder Menschen vermischt werden. Das Blut von Krebspatienten ließ die Zellen dagegen völlig unbehelligt. Der US-Professor Max Wolf fügte in den 30er Jahren dem Blut von Tumorpatienten ein eiweißspaltendes Enzym bei, bevor er Krebszellen hinzufügte. Was er erhofft hatte, trat ein: Daraufhin starben die Krebszellen – genau wie nach dem Kontakt mit gesundem Blut – ab.

Nach dieser Entdeckung begann Professor Wolf, seinen Krebspatienten eiweißspaltende Enzyme zu verabreichen. Die neue Therapie wurde zu einem großen Erfolg: Professor Wolf berichtete über deutlich verlängerte Überlebenszeiten und eine bessere Lebensqualität bei den so behandelten Patienten. Durch langjährige Erfahrung fand er schließlich eine Kombination aus pflanzlichen und tierischen Enzymen (Papain, Bromelain, Trypsin, Chymotrypsin und Pankreatin), die gegen Tumorzellen besonders wirksam war. So wurde das erste Enzympräparat zur Behandlung von Krebs geboren. Doch noch immer wusste niemand, wie es wirkte.

Die Krebszellen nutzen den gestörten Fibrinhaushalt aus

Auf die „heiße Spur" kamen Wissenschaftler erst durch die Beobachtung, dass Krebspatienten oft an Thrombosen leiden. Es stellte sich heraus, dass bei ihnen der Abbau von Fibrin („Klebsubstanz" für die Blutgerinnung) gestört ist: Krebskranke haben eine erhöhte Fibrinkonzentration im Blut.

Ein Zuviel an Fibrin im Blut bewirkt, dass Zellen, die sich vom Blutstrom weitertragen lassen, leichter an den Gefäßen „kleben" bleiben. Das trifft nicht nur auf die Blutplättchen (Thrombozyten) zu, die in verschiedenen Nischen des Gefäßsystems hängenbleiben und Blutgerinnsel bilden. Auch wandernde Krebszellen lassen sich vom Blutstrom weitertragen und docken sich mit Unterstützung des Fibrins an den Gefäßwänden an. Im Unterschied zu den Blutplättchen bleiben sie dort jedoch nicht sitzen: Sie zwängen sich hindurch, heften sich an den dahinter liegenden Organen fest und beginnen, sich zu vermehren. So entstehen die gefürchteten Metastasen.

Fibrin ist für Krebszellen auch aus einem anderen Grund wichtig: Der „Blutklebstoff" bildet auf der Oberfläche der Tumorzellen eine Art „Tarnkappe". Sie hilft den Tumorzellen, vom Immunsystem unerkannt zu bleiben.

„Nackte" Krebszellen kann das Immunsystem erkennen

Die Entdeckung, dass Fibrin den Tumorzellen ermöglicht, sich vor dem Immunsystem zu „tarnen", lieferte die gesuchte Erklärung für die krebshemmende Wirkung der Enzyme: Sie bauen Fibrin nicht nur im Blut, sondern auch auf der Oberfläche der Krebszellen ab. Diese werden dann vom Immunsystem leichter erkannt und bekämpft.

Mittlerweile ist erwiesen, dass die Fähigkeit von Tumorzellen, zu wandern und Metastasen zu bilden, direkt vom Fibringehalt des Bluts abhängt. Diese Beobachtung ist besonders wichtig – denn die größte Gefahr für den Patienten geht nicht vom ursprünglichen Tumor, sondern von den Tochtergeschwülsten aus. Eine erfolgreiche Bekämpfung der Metastasierung ist deshalb eine wichtige Voraussetzung für die Heilung von Krebs.

Die bisherigen Erfolge mit der Enzymbehandlung von Tumorpatienten sind sehr ermutigend. Patienten, die nach der Operation mit Enzymen behandelt werden, erleiden seltener einen Rückfall. Besonders gut sind die Heilungschancen bei Patienten, die nach ihrer Entlassung aus dem Krankenhaus mindestens zwei Jahre lang Enzyme einnehmen.

Die Zukunft liegt in der Tumorimpfung

Die Tumorimpfung, die derzeit an verschiedenen deutschen Universitätskliniken entwickelt und erprobt wird, richtet sich ebenfalls gegen die Tarnung der Krebszellen. Gesunde Abwehrzellen wie Monozyten (Fresszellen des Blutes), T-Lymphozyten oder seit neuestem die dendritischen Zellen werden im Labor mit Bruchstücken von Krebszellen des Patienten, die meist bei der Operation entnommen wurden, beladen. Anschließend wird diese so genannte Tumorvakzine als Impfung gespritzt.

Die Tumorimpfung, ist also eine individuelle Therapie. Jeder Patient erhält seinen eigenen Impfstoff. Dadurch wird seine Immunabwehr ganz gezielt auf bestimmte Kennzeichen seiner Krebszellen angesetzt. Erste Erprobungen bei Patienten mit Haut-, Nieren-, Brust- und Darmkrebs erbrachten teilweise sehr ermutigende Ergebnisse, teilweise reagierte die Abwehr der geimpften Patienten aber auch gar nicht.

Derzeit gilt die Tumorimpfung, die eine Fortführung der biologischen Immuntherapie mit den Mitteln der modernen Immuntechnik ist, international als zukunftsweisender Ansatz. ■

Eine gezielte Überwärmungs-Therapie verhindert das Auftreten von Metastasen

Neue Studien belegen eine gute Wirksamkeit bei Prostata-, Blasen- und Gebärmuttertumoren

Bei 43 °C stirbt jede Krebszelle ab. Deshalb versuchen Krebstherapeuten seit Jahrzehnten, gezielt Wärme gegen Tumore einzusetzen. Doch was theoretisch so bestechend einfach und natürlich erscheint, scheiterte lange an der praktischen Umsetzbarkeit. Erst die moderne Infrarot- und Mikrowellentechnik ermöglicht nun die gezielte Überwärmung von erkrankten Organen, um Krebszellen zum Absterben zu bringen. Im Folgenden erfahren Sie, welche Erfolge die moderne Hyperthermie-Behandlung heute bereits erzielt und wie Sie seriöse Therapieangebote von veralteten und damit unzureichenden Verfahren unterscheiden können.

Die Idee, eine erhöhte Körpertemperatur gegen Krebs einzusetzen, stammt von dem amerikanischen Chirurgen Dr. William Coley (1862 bis 1936). Anlass war ein medizinisches Wunder: Einer von Dr. Coleys Patienten, der an einem inoperablen Tumor erkrankt war, besiegte den Krebs, nachdem er eine hoch fieberhafte Wundinfektion durchgemacht hatte.

Vom künstlichen Fieber zur punktgenauen Überwärmung

In der Folge verabreichten Coley und seine Kollegen ihren Krebspatienten fiebererzeugende Substanzen, z. B. Bakterien aus der Familie der Streptokokken, um ein künstliches Fieber zu bewirken. Diese Behandlung war allerdings für die Patienten nicht ohne Risiko, da die Wirkung der Fiebererzeuger schlecht zu steuern und die Körpertemperatur kaum zu kontrollieren war. Deshalb wird diese Art der Hyperthermie-Behandlung auch kaum noch praktiziert. Heute verwendet die Medizin hochmoderne Techniken, um eine künstliche Überwärmung zu erzielen.

Die Temperatur muss präzise gesteuert werden

Temperaturen von 43 °C sind für Tumorzellen absolut tödlich, weil Krebszellen einen hochempfindlichen Stoffwechsel haben, während gesunde Zellen 43 °C kurzfristig ertragen können. Daher hängt der Erfolg einer Hyperthermie-Behandlung v. a. davon ab, ob der Tumor auf diese Idealtemperatur erhitzt wird.

Bei größeren Tumoren ist das leider technisch noch nicht machbar. Meist beschränkt sich die angepeilte Temperaturerhöhung auf das Innere der Krebsgeschwulst, während die Randbezirke wegen ihrer besseren Durchblutung rasch abkühlen. Doch auch schon bei Temperaturen von 41 bis 43 °C bilden die beschädigten Krebszellen so genannte Stressproteine (Hitzeschockproteine), die körpereigene Killerzellen anlocken, welche wiederum die Krebszellen angreifen. Die wichtigste Wirkung der Hyperthermie-Behandlung besteht jedoch in der Schwächung der Krebszelle, sodass eine gleichzeitige Bestrahlung oder Chemotherapie besser wirkt. Die Überhitzung verhindert nämlich, dass sich die Tumorzellen nach der Behandlung mit Strahlen oder Zytostatika selbst reparieren. Deshalb erholen sich die Krebszellen schlechter und sterben im Idealfall ab. Dieser Effekt tritt schon bei niedrigeren Temperaturen ab 40 °C ein.

Außerdem führt die Erwärmung zu einer Erweiterung der Blutgefäße und damit zu einer besseren Durchblutung des Tumorgewebes. So werden auch ursprünglich schlecht durchblutete Tumorbereiche (z. B. das Innere von größeren Geschwüren) besser für Zytostatika zugänglich. Ferner hat die verbesserte Durchblutung eine erhöhte Sauerstoffversorgung des Tumors zur Folge, was wiederum seine Anfälligkeit gegenüber einer Strahlenbehandlung erhöht.

Moderne Hyperthermie-Behandlung

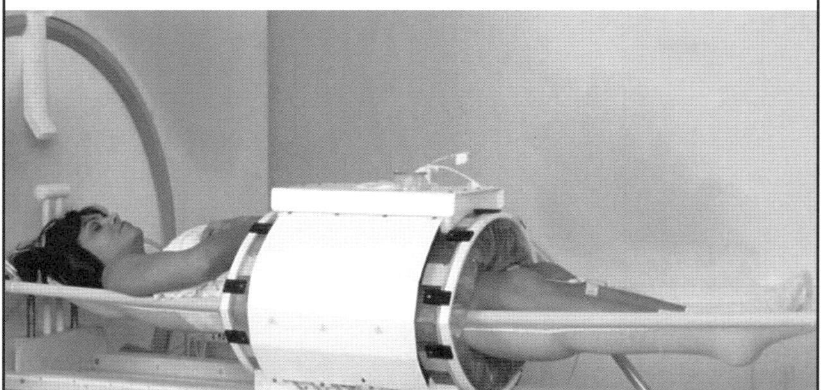

Die aus der Naturheilkunde stammende Idee, Krebszellen durch Überwärmung zu zerstören, wird heute mit modernster Medizintechnik umgesetzt. Das Foto zeigt eine Pilotanlage aus den USA, bei der die punktgenaue Abgabe der Wärmestrahlung aus dem Ringapplikator mit einem Kernspintomographen überwacht wird.

Foto: BSD Medical Corporation, Salt Lake City, USA

Die Ganzkörper-Therapie ist für den Patienten sehr anstrengend

Je nach Lage des Tumors kommen heute unterschiedliche Verfahren und Wärmequellen zum Einsatz.

Das sind die 4 wichtigsten Arten der Hyperthermie:

1. Ganzkörper-Hyperthermie
2. regionale Hyperthermie
3. lokale Hyperthermie
4. interstitielle Hyperthermie

Bei der Ganzkörper-Hyperthermie liegt der Patient in einer Röhre oder einem Wärmebett. Nur sein Kopf schaut heraus. Alte Verfahren setzten auf heißes Wasser, Heißluft oder beheizte Wasserdecken. Heute kommt gewöhnlich Infrarotstrahlung zum Einsatz, weil sie sich wesentlich besser steuern lässt. Dennoch belastet diese Therapie den Kreislauf und das Befinden des Patienten stark. Sie sollte daher nur in Vollnarkose unter ständiger Kontrolle durchgeführt werden.

Örtliche Anwendungen sind am verträglichsten

Mit der regionalen Hyperthermie erreichen die Ärzte gezielt Tumore, die in tieferen Körperschichten liegen, z. B. Blasen-, Prostata-, Muskel- oder Bindegewebstumore, die noch keine Metastasen gebildet haben. Der Patient liegt dabei in einem „Ringapplikator" (siehe Abb. Seite 150), in dem elektromagnetische Strahlungsquellen untergebracht sind. Diese produzieren z. B. Mikrowellen, die genau auf den Tumor ausgerichtet werden. Dadurch entfallen Überhitzungen des umliegenden gesunden Gewebes.

Die Wärme erzeugenden Wellen der lokalen Hyperthermie (Ultraschall-, Radio- oder Mikrowellen) werden durch einen auf die Haut aufgesetzten Sender erzeugt. Sie dringen maximal vier Zentimeter tief ins Gewebe ein. Daher eignet sich das Verfahren für Tumore, die dicht unter der Haut liegen (z. B. Metastasen in den Halslymphknoten).

Bei der interstitiellen Hyperthermie wird eine erwärmte Flüssigkeit, z. B. eine Medikamentenlösung mit tumorzerstörenden Zellgiften (Zytostatika), direkt an das Krebsgewebe geleitet. Das erreicht man durch Spülung von Körperhöhlen (z. B. des Bauchraums oder der Blase) oder über zuführende Blutgefäße (z. B. bei Leberkrebs).

Die Nebenwirkungen halten sich in Grenzen

Obwohl moderne Verfahren die Temperaturerhöhung mittlerweile auf das Tumorgewebe beschränken und das umliegende Gewebe nur gering beeinträchtigen, ist die Hyperthermie-Behandlung auch heute nicht ganz ohne Nebenwirkungen.

Diese Nebenwirkungen können bei einer Hyperthermie auftreten:

- örtlich begrenztes Hitze- oder Schmerzgefühl, selten Verbrennungen
- erhöhte Kreislaufbelastung (die Pulsfrequenz steigt, der Blutdruck kann erheblich absinken)
- hoher Flüssigkeitsverlust durch Schwitzen und damit ebenfalls eine deutliche Belastung des Kreislaufs, sodass während der Behandlung eine ständige Überwachung notwendig ist

Außerdem müssen bei den meisten Geräten Messsonden zur Temperaturkontrolle in den Tumor eingeführt werden. Dazu ist eine Schmerzbetäubung notwendig. Wegen der möglichen Nebenwirkungen ist vor der Behandlung eine ärztliche Untersuchung obligatorisch, ob für den Patienten eine Hyperthermie-Behandlung infrage kommt. So eignet sich das Verfahren für Herzkranke nur bedingt.

Studien belegen gute Erfolge

Dass die Hyperthermie den Effekt einer Strahlen- oder Chemotherapie steigern kann, ist durch verschiedene Studien belegt. So zeigte eine Untersuchung, die im Jahr 2000 am Daniel-den-Hoed-

Wann eine Wärme-Therapie helfen kann

- **Ganzkörper-Hyperthermie:** bei asbestbedingten Lungentumoren, die bereits Metastasen gebildet haben
- **regionale Hyperthermie:** bei tiefer gelegenen Tumoren, z. B. Magen-, Darm-, Prostata- und fortgeschrittenen Gebärmutterhalskarzinomen, sowie bei erneutem Auftreten von Brustkrebs
- **lokale Hyperthermie:** bei Hautkrebs sowie bei direkt unter der Haut befindlichen Tumoren, z. B. Lymphknoten-Metastasen im Achsel- und Halsbereich
- **interstitielle Hyperthermie:** bei Gehirntumoren, Tumoren im Beckenbereich und in der Brust

Zentrum für Krebsforschung in Rotterdam durchgeführt wurde, eine hohe Wirksamkeit der regionalen Hyperthermie-Behandlung, wie die Fachzeitschrift *Journal of Hyperthermia* im Januar 2002 berichtete. An der Studie beteiligten sich 114 Frauen, die an fortgeschrittenem Gebärmutterhalskrebs erkrankt waren. Die Patientinnen wurden in zwei Gruppen eingeteilt: Die Kontrollgruppe erhielt nur eine Strahlentherapie, die andere Gruppe wurde mit einer Kombination aus Bestrahlung und Hyperthermie behandelt. Bereits nach zwei Jahren lag die Überlebensrate der mit Hyperthermie Behandelten etwa doppelt so hoch wie bei der alleinigen Strahlentherapie.

Die Chancen der Hyperthermie-Technik wird auch eindrucksvoll durch eine Studie der Universität Mailand demonstriert, die im Dezember 2003 in der Zeitschrift *Journal of Clinical Oncology* erschien. An der Untersuchung hatten 83 Patienten mit Blasenkrebs teilgenommen. Die Hälfte von ihnen erhielt nur eine Standard-Chemotherapie, die andere Hälfte wurde zusätzlich noch einer Hyperthermie-Behandlung unterzogen. Auch in dieser Untersuchung zeigte sich bereits nach zwei Jahren der Effekt der Hyperthermie deutlich: Während in der Kontrollgruppe jeder zweite Patient einen Rückfall erlitt, erkrankten in der Hyperthermie-Gruppe lediglich 17 % der Patienten erneut an Krebs.

Wuchernde Krebszellen

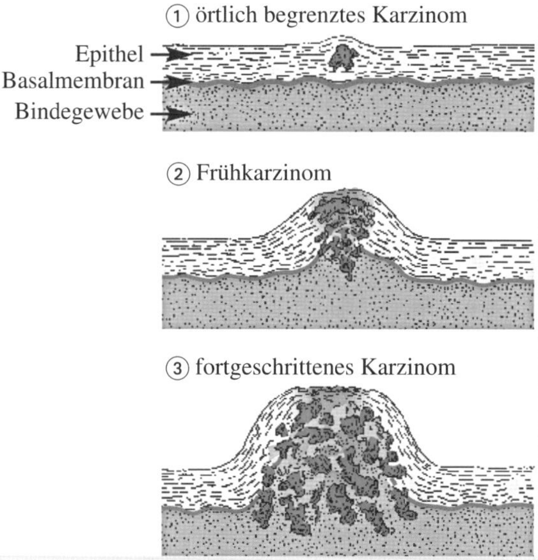

Sobald ein Krebstumor die Basalmembran, die das Bindegewebe von den Organen trennt, durchbrochen hat, kann er in andere Organe einwachsen.

Noch keine Standardtherapie

Trotz viel versprechender Ergebnisse ist die Hyperthermie keine Standardbehandlung, sondern befindet sich noch immer in der Erprobungsphase. Am besten erforscht ist mittlerweile die Anwendung von Hyperthermie in Kombination mit einer Strahlentherapie bei ganz bestimmten Tumoren (siehe Kasten Seite 152). Die Erfolgsaussichten einer Hyperthermie-Behandlung richten sich vor allem nach der Art des Tumors und nach dem Stadium der Erkrankung.

Wer an einer Studie teilnimmt, zahlt nichts

Wenn Sie die Hyperthermie-Behandlung im Rahmen einer klinischen Untersuchung erhalten, entstehen Ihnen keinerlei Kosten. Bei der Suche nach einer für Sie passenden Studie hilft Ihnen die „Interdisziplinäre Arbeitsgruppe Hyperthermie" der Deutschen Krebsgesellschaft (siehe Seite 159). Studienzentren sind die Universitätskliniken in Lübeck, Hamburg, Berlin, Bochum, Düsseldorf, Essen, Heidelberg, Freiburg, Tübingen, Erlangen, Augsburg und München sowie Kooperationskliniken in Kempfenhausen, Trostberg und Traunstein (alle Oberbayern). Ansonsten sollten Sie mit Ihrer Krankenkasse vorher klären, ob sie die Behandlungskosten übernimmt.

Unser Rat: Nehmen Sie möglichst an einer Studie teil. Hier können Sie sicher sein, dass der naturheilkundliche Ansatz der Hyperthermie mit neuester Technik umgesetzt wird. Von ambulanten Behandlungen in – bisweilen schon altersschwachen – Wärmebetten mit Rotlichtlampen, wie sie in manchen privaten Krebskliniken und Kurzentren oft für mehrere Tausend Euro angeboten werden, raten wir Ihnen dringend ab. ■

Das sollten Sie vor der Therapie unbedingt prüfen

Falls die Hyperthermie-Behandlung nicht im Rahmen einer wissenschaftlichen Studie erfolgt, sollten Sie die folgenden Fragen klären:

- Wird bei der Behandlung tatsächlich die wirksame Temperatur von 41 bis 43 °C erreicht?
- Kann die Temperatur im Bereich des Tumors genau kontrolliert werden, z. B. durch eine Messsonde?
- Nach welchen Kriterien werden die Patienten für die Therapie ausgewählt?
- Welche Nebenwirkungen sind zu erwarten?
- Werden die Patienten während der gesamten Hyperthermie-Behandlung lückenlos überwacht?
- Wie hoch sind die Kosten?

Mut zum Leben stärkt die Selbstheilungskräfte

Aktive Patienten haben bessere Chancen

Krebs ist die am meisten gefürchtete Krankheit unserer Zeit. Kaum einem anderen Leiden – AIDS in den letzten Jahren vielleicht ausgenommen – fühlen wir uns so hilflos ausgeliefert, bei keinem sind wir so sehr in Gefahr, die allgemein menschliche Identität des Patienten aufzugeben und ihn ausschließlich über die Krankheit zu definieren: Er (oder sie) ist jemand, der Krebs hat – alle anderen Eigenschaften des Betroffenen treten plötzlich in den Hintergrund. Es ist kein Wunder, dass auch die Betroffenen selbst es oft so sehen und ihren Kampf gegen die Krankheit aufgeben.

Doch gerade im Umgang mit einer lebensbedrohlichen Krankheit wie dem Krebs ist es von entscheidender Bedeutung, dass der Betroffene bereit ist, die Verantwortung für seine eigene Gesundheit oder Genesung zu übernehmen. Wer bei der Bekämpfung der Krankheit aktiv mitwirkt, stärkt sein Immunsystem und mobilisiert sämtliche Kraftreserven. Die Chancen des Patienten im Kampf gegen die Krankheit steigen dadurch erheblich an.

Hoffnung und Glaube können Wunder vollbringen

Mittlerweile ist geklärt, welche Rolle die verschiedenen krebsauslösenden Substanzen (bestimmte Chemikalien, radioaktive und UV-Strahlen, falsche Ernährung) bei der Entstehung von Tumoren spielen. Doch wenn solche äußeren, oft kaum beeinflussbaren Faktoren in den Vordergrund gestellt werden, lassen wir etwas ganz Wesentliches außer Acht: Eine Krankheit „befällt" den Menschen nicht einfach; vielmehr spielen seine Einstellungen und Gefühle eine entscheidende Rolle bei der Entstehung und vor allem der Bekämpfung von Krankheiten. Krebserkrankungen sind da keine Ausnahme.

Wie wichtig die psychische Einstellung des Patienten für die Heilung einer Krankheit ist, bestätigen immer wieder klinische Untersuchungen, bei denen mit Placebos (Scheinmedikamenten ohne Wirkstoff) behandelt wird: Allein der Umstand, dass die Patienten an die Wirkung des eingenommenen Medikaments glauben, führt in vielen Fällen zu einer deutlichen Besserung.

Körper und Seele sind eins – sie beeinflussen sich gegenseitig

Es ist bekannt, dass in jedem Organismus von Zeit zu Zeit Krebszellen entstehen. Wie kommt es dann, dass einige Menschen an Krebs erkranken, andere aber nicht? Und wie kann es sein, dass von zwei Patienten mit der gleichen Prognose der eine hilflos dahinsiecht, während der andere zu einem erfüllten Leben zurückfindet? Das Immunsystem des Menschen spielt eine entscheidende Rolle dabei. Ist es stark, wird es mit Störungen fertig; ist es geschwächt, so kann sich die Wiederherstellung des inneren Gleichgewichts verzögern oder scheitern. Darüber, wie stark das Immunsystem ist, entscheiden jedoch nicht nur Ernährung, körperliche Aktivität, Abhärtung und andere „äußere Faktoren“: Eine maßgebliche Bedeutung hat auch die psychische Verfassung des Betroffenen.

So haben Untersuchungen gezeigt, dass Stress einer der allgemeinsten krankmachenden Faktoren überhaupt ist. Aufgrund der Häufung von Stressfaktoren im Leben eines Menschen kann manchmal eine Krankheit regelrecht vorausgesagt werden. Dabei ist Stress nicht nur die Folge äußerer Faktoren oder Schicksalsschläge – vielmehr gehört dazu auch die Art und Weise, wie der einzelne Mensch damit umgehen kann. Selbstvertrauen, Motivation, tatsächlich vorhandene oder angenommene Handlungsspielräume und die Fähigkeit, Probleme lösen zu können, spielen dabei eine wichtige Rolle.

Eine ganzheitliche Betreuung des Patienten hilft, die Krankheit zu bewältigen

Selbstverständlich ist für einen Krebspatienten eine hochwertige medizinische Betreuung unerlässlich. Doch zu einer ganzheitlichen Behandlung gehört mehr als eine sorgfältig gestellte Diagnose oder die Behandlung nach neuesten wissenschaftlichen Erkenntnissen: Die Psyche des Patienten muss mitbeachtet und mitbehandelt werden. Psychologen oder Psychotherapeuten sollten deshalb in die verschiedenen Stadien der Behandlung eingebunden werden. Sie können den Tumorpatienten und ihren Angehörigen, aber auch dem behandelnden Personal beratend zur Seite stehen. Auch in den Selbsthilfegruppen ist eine fachkundige Unterstützung der betroffenen Patienten oder ihrer Angehörigen von großer Bedeutung.

Resignation durch Hoffnung, Hilflosigkeit durch Eigenverantwortung ersetzen

Den Kranken zu motivieren, ihm Hoffnung zu vermitteln, gelingt am besten, wenn der Patient

- sachlich über den Therapieverlauf (Behandlungsformen, Heilungschancen, mögliche Nebenwirkungen) informiert wird,
- motiviert ist, die Verantwortung für seine Gesundheit aktiv mitzutragen,
- sich mit seinen Gefühlen (Angst, Hilflosigkeit, Zorn) auseinandersetzt und diese nicht unterdrückt,
- eine positive Einstellung zu seiner Krankheit und der Genesung entwickelt (am günstigsten mit Hilfe eines Psychologen),
- konkrete Methoden zur Bewältigung von Angst und Schmerz erlernt (aktive Entspannungstechniken),
- seine Lebensziele klärt und eventuell neu konzipiert,
- sich selbst keine Schuld am Entstehen der Krankheit zuschreibt,
- intensiv mit nahe stehenden Menschen sowie mit anderen Betroffenen kommuniziert,
- in seiner Selbstständigkeit und aktiven Teilnahme am Leben gefördert wird,
- bei der bewussten Auseinandersetzung auch mit schwierigen Themen wie Tod, Verzicht, Trennung und Trauer unterstützt wird.

Jedem Tumorpatienten sollte die Hilfe und Beratung durch einen Psychologen angeboten werden. Der Patient braucht Unterstützung, um die mit der Diagnose verbundenen Gefühle zu verarbeiten und bei anstehenden Entscheidungen – etwa über mögliche Behandlungsformen – aktiv mitwirken zu können. Während der gesamten Behandlung einschließlich der Nachsorge sollte dem Patienten psychologische Hilfe angeboten werden. Nach der Entlassung aus dem Krankenhaus können Selbsthilfeorganisationen den Kontakt zu einem fachlich geschulten Berater in Wohnortnähe vermitteln.

Ziel der psychologischen Betreuung von Tumorpatienten ist es, dem Kranken in einer zunächst ausweglos erscheinenden Lebenslage beizustehen. Noch wichtiger als die Unterstützung der psychischen Verfassung ist jedoch die Auswirkung, die eine ausgeglichene Psyche auf die Selbstheilungskräfte des Kranken hat.

Es ist wichtig, dass sich der Patient der Wirklichkeit bewusst stellt und die Krebserkrankung nicht verdrängt oder sich in eine passive Abhängigkeit von den Behandlern flüchtet. Ein aktives, motiviertes Mitwirken des Patienten bei der Heilung ist eine der wichtigsten Voraussetzungen für einen Erfolg im Kampf gegen den Krebs.

Psychologische Betreuung verbessert die Heilungschancen

Eine angemessene psychologische Betreuung des Tumorpatienten verbessert seine Chancen im Kampf gegen den Krebs beträchtlich. Was darf sich ein Betroffener aber konkret erhoffen? Es geht ja nicht um Wunderheilungen; unrealistische Erwartungen zu wecken, wäre unverantwortlich. Andererseits: Angesichts von Ungewissheit ist Hoffnung eine durchaus angemessene Haltung. Die Möglichkeit von Spontanremissionen (Rückbildung von Tumoren ohne beziehungsweise nach Beendigung medizinischer Therapie) besteht, und ihre Wahrscheinlichkeit wird durch eine positive Erwartungshaltung des Patienten erhöht. Gewissheit kann es darüber natürlich nicht geben.

Kontrollierte Untersuchungen an zahlreichen Kliniken bestätigen jedoch eine ganze Reihe positiver Ergebnisse: Durch eine optimistische Haltung des Patienten steigen nicht nur die Chancen einer kompletten Heilung. Nachweislich lassen sich auch die Nebenwirkungen strahlen- oder chemotherapeutischer Behandlungen verringern oder erträglicher gestalten; auch die Erholungsphasen nach operativen Eingriffen verkürzen sich. Komplikationen treten seltener auf, und die durchschnittliche Lebenserwartung ist bei psychologisch betreuten Tumorpatienten länger. Besonders wichtig sind die deutlich verbesserte Lebensqualität, das Wohlbefinden, aber auch das Leistungsvermögen und der Grad der Aktivität des Patienten. Kranke und ihre Angehörigen können also durch die psychologische Betreuung nur gewinnen.

Die psychologische Betreuung von Tumorpatienten gehört mittlerweile zur medizinischen Standardversorgung. Allerdings sind dafür noch nicht überall die Bedingungen in ausreichendem Maß geschaffen. Gewöhnlich sind die Tumorzentren der Universitätskliniken entsprechend ausgestattet. Außerhalb dieser Einrichtungen können Patienten und ihre Angehörigen Hilfe auch über verschiedene andere Organisationen und Selbsthilfegruppen erhalten (siehe Seite 159). ■

Rat & Info bei Krebs

Bundesverband Prostatakrebs Selbsthilfegruppen
Alte Str. 4
30989 Gehrden
Tel.: 05108/92 66 46
Fax: 05108/92 66 47
www.prostatakrebs-bps.de

Deutsche Arbeitsgemeinschaft für Psychoonkologie
Kardinal-von-Galen-Ring 10
48149 Münster
Tel.: 0700/20 00 66 66
Fax: 0251/835 68 89
www.dapo-ev.de

Deutsche Krebshilfe
Buschstr. 32
53113 Bonn
Tel.: 0228/7 29 90-0
Fax: 0228/7 29 90-11
www.krebshilfe.de

Deutsche Krebsgesellschaft
Steinlestr. 6
60596 Frankfurt am Main
Tel.: 069/63 00 96 - 0
Fax: 069/63 00 96 - 66
www.krebsgesellschaft.de

Frauenselbsthilfe nach Krebs
Thomas-Mann-Str. 40
53111 Bonn
Tel.: 0228/39 04 45 00
www.frauenselbsthilfe.de

Gesellschaft für biologische Krebsabwehr
Hauptstr. 44
69117 Heidelberg
Tel.: 06221/1 38 02-0
Fax: 06221/1 38 02-20
www.biokrebs.de

Krebsinformationdienst (KID) des Deutschen Krebsforschungszentrum (DKFZ)
Im Neuenheimer Feld 280
69120 Heidelberg
Brustkrebs-Tel.: 06221/42 43 43
Schmerz-Tel.: 06221/42 20 00
Fatigue-Tel.: 06221/42 43 44
Fax: 06221/42 29 95
www.dkfz.de

Selbsthilfegruppe für Erkrankte an Haarzell-Leukämie
Wildensteinstr. 15
38642 Goslar
Tel.: 05321/8 10 03
Fax: 05321/38 96 24
www.haarzell-leukaemie.de

Selbsthilfevereinigung zur Unterstützung erwachsener Leukämie- und Lymphompatienten S.E.L.P.
Herrenstr. 34
48167 Münster
Tel.: 02506/67 68
Fax: 02506/8 55 59
www.selp.de